살아 있는
예배
매뉴얼

살아 있는 예배 매뉴얼

지은이 손재석
펴낸이 김명식
펴낸곳 (주)넥서스

초판 1쇄 인쇄 2014년 7월 15일
초판 1쇄 발행 2014년 7월 20일

출판신고 1992년 4월 3일 제311-2002-2호
121-840 서울시 마포구 서교동 394-2
Tel (02)330-5500 Fax (02)330-5555
ISBN 978-89-6790-910-9 03230

www.nexusbook.com
넥서스CROSS는 (주)넥서스의 기독 브랜드입니다.

살아 있는 예배 매뉴얼

손재석 지음

넥서스CROSS

본서는 현장에서 활동하는 예배음악 사역자는 물론 현대 예배를 준비하고 있는 목회자와 신학생들을 위한 필독서이다. 이 책이 특별한 것은 첫째 예배음악 사역의 중요한 논점들을 쉽게 알 수 있고, 둘째 예배음악 사역단체들의 음악적 특징들을 간파함으로써 각자의 예배음악 사역의 방향을 설정하는 데 도움을 준다. 셋째, 저자가 제시하는 현대 예배의 다섯 가지 예배 모델들은 다음세대의 예배를 위해 고민하는 목회자들과 신학도들에게 신선한 길잡이가 될 것이다. 무엇보다도 이 저서가 매우 유동적인 예배사역 현장을 논문 연구 작업으로 완성된 것은 이 분야의 객관적인 자료로 지대한 공헌을 할 것으로 기대된다.

김세광 교수(서울장신대학교 대학원 원장)

손재석 목사님은 예배 사역 현장에서 오랫동안 고민하며 준비해 온 사역자이자 예배 사역 연구자입니다. 저서에서도 밝히듯이 예배 사역과 음악에 대한 균형 잡힌 시각으로 그 발전 과정에 대한 탁월한 설명과 한국 교회가 현재 갖고 있는 예배음악은 무엇인지 그리고 앞으로 어떻게 예배와 예배음악이 나아가야 할지에 그 방향성을 잘 설명해 주고 있습니다. 본인이 직접 발전시켜 온 예배팀과 예배사역 훈련 과정에 대한 중요하고 가치 있는 정보를 공유해 주는 세밀한 배려까지 예배사역을 고민하는 목회자와 현장의 예배사역자들에게 큰 도움이 되기에 부족함이 없어 보입니다.

권광은 교수(서울장신대학교 예배찬양사역대학원 교수, 아이머스 대안고등학교 교장)

예배 사역에 관심과 꿈을 가지고 있는 예비 사역자들에게 자신이 참석한 주일예배 보고서를 작성하게 합니다. 그래야 자신이 인도했던 예배이거나 장차 인도하게 될 예배에 대해서 좀 더 객관적인 안목을 가질 수 있고, 수정 보완할 수 있기 때문입니다. 동일하게 지금 교회에서 예배 사역을 섬기고 있는 모든 봉사자들에게 꼭 권하고 싶은 일입니다. 그런 의미에서 손 목사님의 이 책은 현재 한국 교회 안에 가장 현실적인 참고서라고 말하고 싶습니다. 한국 교회와 단체 안에서 일어나고 있는 예배 사역에 대한 상세한 연구, 특히 찬양콘티에 대한 분석은 마치 내가 그 예배에 직접 참석하고 있는 듯한 인상을 줄 정도입니다. 이런 작업이 각각의 예배 사역자들 안에 반복적으로 일어날 때 교회 예배 사역이 견고해질 것입니다. 지금도 예배 사역을 통해서 하나님께만 영광을 돌리기를 원하는 사역자들이 있다면 이 소책자를 추천하고 싶고 이 소책자를 통하여 충분한 정보와 도전이 있길 바랍니다.

박희광 교수(《속 시원한 예배》의 저자, 한국성서대학교 평생교육원 예배인도 전공 주임교수)

예배음악 사역단체들의 사역이 한국 교회의 현대적 예배찬양에 많은 영향을 주었음에도 불구하고 이에 대한 연구와 자료는 미진했던 것이 사실입니다. 이번 손재석 목사의 예배음악 사역단체에 관한 연구와 자료는 지금까지 걸어온 예배찬양의 과거, 현재, 미래를 다시 조명해 볼 수 있는 좋은 기회이자 자료가 될 것입니다.

권낙주 교수(한국성서대학교 평생교육원 실용음악 교수, CCM 드러머, 서울 은현교회 전도사)

궁극적 관심을 가진 우리에게 존재의 심연에서 표현하는 것이 예배이다. 예배를 통해 우리는 하나님의 임재와 능력, 목적을 경험하게 된다. 그 예배를 디자인하고 연출하는 것은 우리의 몫이다. 예배는 우리에게 영적 수분을 공급하는 데 소중한 은혜의 방편이다. 손재석 목사는 우리 세린교회 공동체에 예배를 총괄하고 예배를 집례하며 나와 함께 예배를 연출하면서 오랜 시간 고뇌하며 성서에 계시되고 역사 속에 숨 쉬어 왔던 예배를 우리 공동체에서 체계화시켜냈다. 생각하는 것만큼 말하기가 쉽지 않고, 말하는 것만큼 글로 표현하기 어려운 장르가 예배이다. 그 이유는 예배를 통해 주관적으로 하나님을 경험하게 되고 그 주관적 경험이 객관화되는 과정이 다원성과 모호성이 공존하기 때문이다. 나름으로 예배음악을 전공한 자로 이론과 실제를 경험적 세계관으로 가치를 승화시켜 책으로 내놓은 손재석 목사의 수고와 헌신이 이 땅의 예배 사역에 소중한 나침반이 될 것이다.

김재용 목사(산본 세린교회(통합 측) 담임 목사)

"우리의 예배를 받으시는 하나님에게 영과 진리로 예배하는 예배자가 돼라!"

2011년도 서울장신대학교 예배찬양사역대학원에 입학하면서 '이제야 예배찬양 사역에 관한 학문적 견문과 전문적 음악성을 배워서 진정한 예배 인도자로 거듭나는구나.'라고 생각했다. 대학원장님이신 김세광 교수님께서 졸업논문으로 책을 발간하면 좋겠다고 권면하실 때 '내가 할 수 있을까?' 하면서도 가슴 벅찬 마음도 있었다. 17년간 찬양 사역으로 5개의 앨범과 베스트 앨범을 내면서 사역 현장에서 경험한 예배음악 사역에 관한 책을 발간하고자 하는 마음이 뜨겁게 일어나고 있었다. 논문의 초안을 작성할 때는 설레는 마음으로 글을 써 내려갔다. 책을 만들기 위한 논문은 아니었지만 교수님께서 지도할 때마다 이 내용은 책으로 내면 예배 사역을 하는 사람들과 지금 예배 사역을 하고 있는 교회와 단체들에게 도움이 될 수 있다는 격려의 말씀으로 힘을 얻어 논문이지만 책을 발간하기 위한 내용으로 전문적인 분석 과정과 현장 탐방을 통해 얻은 내용을 정리하게 되었다.

1999년 전 세계에 흩어진 디아스포라를 위한 '통일워십콘서트'에서 꼭 만나고 싶었던 호산나 인테그리티의 돈 모앤 목사님과 함께 여의도 광장 특설무대에서 함께 라이브 실황 집회를 준비하게 되었다. 이전에 1집 CCM 앨범을 만들고 찬양 사역자로 헌신하여 각 교회와 선교 캠프, 기관의 초청을 받으며 사역해 왔다. 그런데 돈 모앤 목사님과 여의도 라이브 실황을 준비하는 과정 중 500여 명의 콰이어(50~100명 이상으로 불려지는 멜로디의 회중 합창 소리), 메인 싱어, 스텝들과 준비 모임을 위한 예배를 인도하면서부터 나에게 사역에 큰 전환점을 갖게 되었다. 6개월 동안의 영어 찬양과 예배 모임을 인도하면서 성령의 강력한 인도하심을 경험했고, 주님의 가르침과 사랑을 구체적으로 예배 사역을 통해 전하고자 하는 마음이 새롭게 불붙기 시작했다. 그 이후 CCM 사역보다는 예배 사역에 더욱더 치우치면서 예배에 관한 모든 자료를 수집하고, 해외 예배 앨범 등을 구입하면서 예배 사역의 전문성이 있는 예배 사역자로 헌신하기에 이르렀다. 이때부터 나의 사역영역은 예배를 인도하는 사역에만 초청되어, 2000년 두란노 경배와 찬양 큰잔치에서 메인 게스트로 인도하고, 2001년 워십익스플로전 (Worship Explosion)에서는 전 세계 예배 인도자가 한자리에 모인 무대에서 함께 공연을 했다. 점점 사역이 확장되었고, 2002년 호산나 인테그리티의 론 카놀리 사역자와 한국에 내한할 때 오프닝 게스트로 전국 투어에 함께 참여했다. 2집 〈내게 자유주셨네〉의 자작곡을 중심으로 한 예배 앨범을 만들며, 예배 현장 사역에 국내외를 아랑곳하지 않고 현재까지 2,500회 이상의 예배 현장 사역을 감당하였다.

2004년 'CTS 워십코리아' 주최로 미국 전역의 예배 사역에 함께 동참했을 때가 있었다. 이때 당시 가장 유명한 찬양 사역자들과 함께 미국의 전 지역을 버스로 돌며 예배 사역을 했었는데, 선배님들과 후배들이 함께 악기를 직접 옮기고 무대를 설치하며 악보를 만들면서 총 25회의 예배 사역을 감당하게 되었다. 이때 얻은 현장 경험을 토대로 학부 졸업논문을 제출하기도 했다.

예배 사역의 전문성에 있어서 현장 사역만 중요시되는 건 아니었다. "예배(Worship Service)"라고 하는 학문적 배경과 성경적 배경이 없는 상황에서 예배를 돕는 역할인 음악 사역의 전문성으로만 예배 사역에 임하게 된 것이다. 수많은 사역의 현장에 있지만 정작 '예배'에 관한 나의 전문적인 지식과 성경적 배경이 부족한 모습을 발견하게 되었다. 성경을 읽고 묵상한 내용으로 예배 사역에 임하면 되겠지라고 생각했지만 그것은 큰 오산이었고 오랫동안 꾸준한 사역을 하지 못할 것 같다는 판단이 들었다. 이후로 기독교 서점에 가서 예배에 관한 모든 서적을 사서 읽고 내용을 정리하며 분석하여 나의 예배 사역의 지식과 언어로 습득하게 되었다.

성경적인 예배 지식, 예배를 돕는 예배음악의 기능과 역할, 이 모든 것을 표현할 수 있는 환경(공간)적인 분석 등을 살펴보면서 지금까지 해 온 모든 예배 사역의 현장, 공간, 언어, 음악의 기능을 한 글자, 한 글자 정리하기 시작했고, 그 결과 나의 언어로 말할 수 있는 글을 쓰게 되었다. 이것은 나에게 감동을 주시고, 나를 부르셔서 예배의 자리에서 떠나지 않게 하시고, 성령의 충만함을 통해 성경적인 지식과 깨달음을 통해 많은 사역에 영향력을 전달하게 하시는 하나님 아버지의 은혜가 있었기 때문이다.

아버지께 참되게 예배하는 자들은 영과 진리로 예배할 때가 오나니 곧 이 때라 아버지께서는 자기에게 이렇게 예배하는 자들을 찾으시느니라 하나님은 영이시니 예배하는 자가 영과 진리로 예배할지니라(요 4:23~24).

예배는 나에게 있어 '삶'이 되었다. 아침부터 저녁까지 나의 머릿속에서는 어떻게 하면 예배를 통해 하나님을 알고, 예배를 통해 하나님이 구원의 감격을 누리고, 예배를 통해 하나님 나라를 선포할 수 있는지 몸부림치고 있다. 탁월한 음악성으로도 알 수 없고, 총명한 지식으로도 깨닫지 못하고, 청명하고 거룩한 삶만으로 알 수 없는 하나님을 향한 예배의 마음이다. 그러기에 오늘도 예배 사역의 현장에서 하나님 나라와 하나님의 예배자들을 위해 몸부림치고 있는 예배 사역자들을 위해 이 책을 소개한다. 예배 선교 단체들의 현장 사역을 분석하여 예배의 흐름, 콘티, 환경적 분석, 각 선교단체들의 예배 사역의 목적과 방향을 설명하였고, 특별히 각 예배음악 선교단체들의 특징들을 비교하였는데, 도움이 되길 기대해 본다. 이 책은 구체적인 예배 사역의 내용을 적었기에 사역의 실용성으로 읽기를 바란다. 하지만 실용적인 분석으로 진행되었지만 하나님은 예배 행위를 찾으시는 게 아니라 진정한 예배자를 찾으신다. 예배의 기능으로만 사역하는 자는 전문인이지 예배자로 헌신하지 않는다. 예배의 기능을 맡은 자들도 진정한 예배자가 되어야 한다. 하나님은 전심으로 자신을 찾는 자들에게 자신을 적극적으로 나타내신다. 진정한 예배는 살아계신 하나님과의 만남이다. 기쁨이어야 하며, 축제이어야 한다. 참 예배를 통해 경배의 대상인 하나님을 만난다면 그곳은 변화의 물결과 성령의 임재로 충만할 것이다. 그러므로 하나님을 만나는 예배는 영적 변화를 경험하고 하나님 나라를 선포하게 될 것이다.

호흡이 있는 자마다 여호와를 찬양할지어다(시 150:6).

마지막으로 이 책이 열매 맺을 수 있도록 기도로 동역해 주신 세린교회 김재용 목사님께 감사한 마음을 전한다. 항상 내 곁에서 격려해 주고 친구처럼 사역에 동참해 준 아내 강윤정 그리고 원고를 아름답게 교정해 주시고 일러스트레이션을 맡아 주신 PWK 이혜인 대리님, 박성필 실장님, 현장 분석에 함께 동참해 준 안양대, 서울종합예술학교 제자들, 그 외에 보이지 않게 도움을 많이 주신 모든 분에게 감사한 마음을 전한다.

우리의 구원자이시고, 주님이시며, 예배의 대상이 되시는 예수 그리스도! 주께서 영원한 생명을 주신 감격과 기쁨을 영원토록 상실하지 않고 끝까지 예배하는 예배의 향기가 되고자 하는 모든 사람과 오늘도 예배한다.

손재석

목차

I.

예배음악의
어제와
오늘

I. 예배음악의 어제와 오늘

1. 예배음악의 현주소는 어디?

1990년대 초반부터 한국 교회는 예배와 음악이 집중 조명되었다. 그런데 예배의 가치와 신학을 기반으로 활성화된 예배와 음악이 아니었다. 서양 음악의 대중화로 인한 인식이 한국 교회와 예배음악 사역자들에게 큰 영향을 미쳐 전통적인 예배음악이 아닌 95% 이상이 서구 예배음악을 모방하는 수준이었다.

현실적으로 화려하고 수준 높은 음악 기술의 전개나 형태는 그 시대 예배음악 사역자들의 마음을 혹할 만큼 만족스러웠다. 그리하여 한국 교회와 한국 예배 사역 선교단체들은 서구 예배음악에 큰 영향을 받아 번역하고 음악 기술을 모방하는 등 사역 현장에서까지 그것들을 실현화했다.

그때 당시 한국 교회는 이러한 서구 예배음악의 인식과 이해가 부족했다. 그러다 보니 세대와 세대를 잇는 음악이 아니라 한 세대(One Generation)의 음악과 성장으로 치우치게 되었다. 한국 교회 주일예배의 예배음악은 고전 음악과 고전 성가가 주를 이루고 있어서, 현대 서구 예배음악은 극히 소수의 교회에서만 이루어지고 있었다. 하지만 젊은 세대(청소년, 청년) 예배에서는 기독교 전문 출판사를 통해 번역된 악보가 활발하게 보급되면서 젊은 세대 공동체 예배음악의 급성장을 불러일으켰다.

기성세대들이 주로 많이 참석하는 주일 11시 예배에서 볼 수 있는 예배음악의 요소와 형태는 극히 제한적이었다. 그 대표적인 것이 성가대의 찬양이다. 성가대 찬양은 피아노 또는 오르간의 반주로 합창 위주, 즉 목소리 위주의 예배음악으로 이해했다.

이는 예배음악의 다양성 측면에서 보면 다양한 악기와 다양한 음악 연출이 전혀 활용되지 않는 것이었다. 예배 신학적 측면에서 보는 예전적인 예배 형식에서 벗어나지 않았다는 것이다. 예배음악의 적극적인 수용과 연구, 발전 방향을 생각하지 않고, 전통적인 예전적 예배 방법으로 다가오는 현대 음악 형태의 물결을 준비 없이 무분별하게 한국 교회에 그대로 수용하는 시기를 맞이할 수밖에 없었다.

그런데 1990년대 후반부터 한국 교회와 예배음악 사역의 전문화 기능에 대한 인식이 변하기 시작했다. '올네이션스 경배와 찬양'의 화려한 무대와 연출, 대형 집회의 음악 연출, 〈부흥2000〉을 통해 한국 교회 예배음악이 도입되는 계기가 되는데, 이는 비전, 부흥이라는 곡이 주일 11시 예배 중 예배의 음악 요소로 사용되면서부터였다.

그렇게 예전적 음악에만 집중됐던 예배음악이 〈부흥2000〉의 비전과 부흥, 파송의 노래 등으로 예배음악의 다양성 측면을 이루는 중요한 계기가 된 것이다. 이후로 한국 교회 예배음악은 급속도로 성장하면서 예배의 음향, 악기, 공간 활용, 예배의 디자인 등 전문 요소들을 인식하며 이때부터 예배음악의 전문성과 다양성을 창조하는 사역자와 선교단체들의 사역을 조명하게 된다.

마커스 워십, 예수전도단 화요모임, 뉴제너레이션 목요모임, 어노인팅 목요워십, 디사이플스 목요모임 등 예배음악을 이해할 수 있는 예배음악의 현장을 찾아가는 현상이 두드러지게 나타나게 된다.

나는 이러한 예배음악의 발전과 이해를 가지고 예배음악의 정체성, 2000년대 들어오면서 예배음악의 방향과 한계성을 검토하고, 한국 예배음악 사역단체들의 예배음악에 대한 분석과 동향을 통해 예배음악의 흐름과 기능, 나아가 서구 음악의 모델적 교회 사례들을 탐구하여 한국 교회가 앞으로 어떠한 방향의 예배 형식과 흐름을 가져야 하는지를 살펴보고자 한다.

2. 예배음악이 가야 할 길을 찾다

지금 한국 교회 및 현 신학대학에서 실용음악을 배우고, 현대 음악 장르를 배우는 배경을 보면서 진정한 예배음악 사역의 기능과 목적[1]을 이해하면서, 역사적으로 예배의 신학이 깨어지지 않는 기준의 범위에서 전문 기능으로 사역하게 되는 예배음악 사역의 정의와 범위를 찾고자 한다. 또한 한국 교회와 예배음악 선교단체들에게 큰 영향을 준 서구 예배음악의 형태와 기능을 예배 형식으로 제안하면서 앞으로 한국 교회의 예배 형

---

1) 예전적인 예배를 드려왔던 현대 교회의 예배가 '새로운 음악과 스타일은 참여'를 촉진시키기에 공동체의 예배가 창조적인 참여로 이루어진다고 설명'한다. 피트 워드, 권영주 역,《우리가 예배하기까지》(서울: 예수전도단, 2007), 226.

식의 변화와 기능에 대해 설명하고자 한다. 특별히 한국에 유수한 예배음악 사역단체들의 예배 흐름, 기능, 역할, 주제, 효과, 목적, 방향이 무엇인지 예배 사역 현장을 직접 탐방해 왔다. 각 현장 탐방을 토대로 한 내용들을 살펴보고, 이들이 가지고 있는 앞으로의 방향과 한계성이 무엇인지 설명하고자 한다. 지금의 음악 사역단체들의 사역 형태를 연구하면 앞으로 한국 교회와 나아가 다음세대 예배의 형식과 변화를 기대할 수 있기 때문이다.

세대와 세대가 흩어져서 예배를 드리고 있는 현실 가운데 세대가 통합하여 공감할 수 있는 예배의 기능과 형태는 없을까를 고민했을 때 비정기적으로 사역을 하고 있는 브라운 워십 사역단체를 만나게 되었다. 이들의 예배 형식과 형태는 세대가 모두 공감하는 예배를 인도하고 있었다. 브라운 워십의 구체적인 예배의 흐름과 사역을 소개하며, 모든 세대가 공감하는 예배 형식의 신 모델로 설명하고자 한다. 또한 미국의 브룩클린 태버내클 교회를 접하면서 한국 교회와 많은 부분을 공유할 수 있는 형식이 있어서 대안적 모델로 설명하고자 한다.

마지막으로 한국 교회가 예배의 형식과 기능의 역할을 어떻게 인도해야 할지 유수한 음악 사역단체들의 예배 형식과 기능의 장점을 다섯 가지 예배 형식으로 비교 정리하여 설명하고자 한다.

3. 예배음악의 목적과 기능이란?

예배음악의 목적 이해

예배음악은 예배가 존재하고, 예배가 형식과 공간 속에서 이루어지면서 기능적 요소로 음악을 사용해 진정한 정체성과 가치 기능을 갖는다. 예배학자인 로버트 웨버(Robert Weber)는 예배음악의 뜻을 "예배음악은 하나님의 속성과 그분의 구속사를 드러내는 증거로서의 음악, 예배의 태도를 갖는 유도로서의 음악 그리고 그리스도 안에서 한 공동체를 이루게 하는 확언으로서의 음악, 예배에서의 음악은 전 회중이 함께하는 것이기 때문에 그리스도 몸의 집합적 통일성을 재확인시켜 주는 음악"[2]이라고 설명하고 있다.

예배는 하나님의 속성과 그분의 역사하심을 찬양하며, 예배의 대상인 하나님을 경배하는 것이다. 예배 안에서의 음악은 예배 의식의 중요한 부분이지만 결코 하나님의 임재를 상징하는 성찬이나 말씀과 같은 예배의 다른 행위를 대신할 수는 없다. 그래서 나는 예배에서 사용되는 음악의 순수한 목적과 기능으로서의 역할을 가능한 한 명확하게 설명하고자 한다.

예배음악의 정의를 예배학자인 로버트 웨버를 통해 살펴보았지만 현대적 예배음악(contemporary worship music)을 접하고 있는 이 시점에서는 예배음악의 정의가 조금은 다를 수 있다.

예배음악은 하나님의 속성과 구속사를 증명하는 음악이라고 설명했다. 증거를 나타내는 요소가 문제이다. 시대별로 음악을 사용하는 형식이나

---

2) Robert E. Weber, Worship Old and New (Sydney: ZONDERVAN, 1994), 195~196.

스타일이 점점 달라지면서 현대에 이르러 예배 음악의 형식이나 스타일은 국제적으로도 다른 형태를 갖고 있다. 그러다 보니 예배음악은 하나님의 속성과 구속사를 증거하는 음악 형식과 스타일의 연구가 없다면 지금의 예배음악의 정의를 내린다는 것은 어려운 문제일 것이다.

또한 예배의 태도를 갖는 유도로서의 음악이라고 예배학자인 로버트 웨버는 말하고 있다. 이것 역시 예배의 태도를 갖는 유도로서의 음악 영역이 어디까지인가가 먼저 선행되어야 한다. 어떤 음악이 유도되는 음악인지, 어떤 음악 스타일이 회중을 예배자로 유도하게 할 수 있는지가 설명돼야 한다. 그래서 현대적 예배음악(contemporary worship music)[3]을 취하고 있는 이 시대에서는 예배음악의 현대적 요소와 스타일이 회중을 유도하는 데 큰 효과가 일어나고 있으며, 회중은 이러한 현대적 음악 형식과 스타일 안에서 하나님의 속성과 구속사를 증거하고자 더욱더 현대적 음악 스타일을 연구하고 있는 추세이다.

한국에 내한하는 해외 서구 음악가들을 통해 한국의 많은 예배 사역자는 해외 서구 음악가들의 멘트와 음악 형식, 스타일을 개교회에서 적용하고 있다. 그렇다면 해외 서구의 예배음악 형식과 스타일이 지금 한국의 예배, 특히 하나님의 속성과 구속사를 증거하고 예배의 태도를 갖는 유도로서의 음악이라고 단정지을 수 있을까? 이러한 관점에서 보면 예배음악의 목적은 다음과 같다.

첫째, 예배 안에서의 시대적 소통 요소로서 하나님의 속성과 구속사를 표현하는 반응적 연출(reaction produce)이다. 왜냐하면 예배음악을 만들

---

3) 그레그 시어, 캠퍼스워십 & 강명식 역, 《아트 오브 워십》 (서울: 예수전도단, 2009), 14.

어 내는 생산자는 하나님의 속성과 구속사를 오감으로 경험한 그 표현을 예배음악으로 연출할 때 회중은 그의 표현과 창조에 동의하면서 함께 그 예배음악 안에서 하나님의 속성과 구속사를 경험하게 되는 것이다.

둘째, 예배를 통해 수많은 예배자는 인간의 오감을 통해 하나님을 더욱 더 가깝게 경험한다. 그래서 예배음악은 창조적 표현의 확장(expansion of presentation creative)이 목적이어야 한다. 예배음악의 발전과 창조적 노력이 뒤따르지 않으면 현대인들은 그나마 교회 오는 발걸음이 힘들다 할 것이다. 교회는 많은데 교회의 예배자 수가 줄어들고 다음세대인 젊은 세대들은 더욱 줄것이 틀림없기 때문이다.

셋째, "예배는 예배의 대상인 하나님을 향해 인간의 기쁨과 행위를 표현하는 축제의 시간이다."[4]라고 슐라이어마허는 설명한다. '축제로서의 예배' 좀 더 쉽게 표현하면 놀이공원에서 놀이 기구를 즐기는 어린아이와 같은 모습의 예배(celebration of pleasure)에 목적을 둔다는 것이다.

예배음악은 그리스도 안에서 한 공동체를 이룬 사람들이 마음과 생각, 몸을 하나로 연합하며 기뻐할 수 있는 예배의 시간이다. 이 시간을 하나님 앞에 서 있는 것같이 기뻐하며 춤을 출 수 있는 예배의 공간으로 만들어야 한다.

예배음악의 본질적 기능

예배에 있어서 음악의 일차적인 기능은 회중을 예배드리는 행위로 이끌어 가는 것이다.[5] 예술적 만족과 감흥은 정당한 충족이 될 수 있지만 엄밀

---

4) 프리드리히 슐라이어마허, 최신한 역, 《성탄축제》 (서울: 문학사상사, 2001), 126.
5) 존 F. 윌슨, 나윤영, 조의수 공역, 《교회음악 입문》 (서울: 대한기독교서회 1995), 54.

하게 이야기하면 이차적인 것이 되어야 한다. 예배의 대상이 하나님으로 분명하니 그분을 위한 찬양과 경배가 되지 아니하고 예술적 감각과 표현만이 중시되는 예배음악은 보여지는 콘서트 음악일 수 있다.[6] 이러한 지적은 학회나 한국 예배인도자 모임이나 포럼에서 계속 거론되는 내용이다.

예배 안에서 음악을 구성하고 만들어 낼 때, 예배와 음악의 관계에서 음악의 기능을 이해하면 더욱 풍부하게 하나님에게 영광을 돌리고 우리에게는 영과 진리의 감흥이 일어나게 될 것이다.[7]

허스태드(Donald P. Hustad)는 "예배는 하나님과 인간의 대화, 하나님에게 드림 그리고 하나님을 닮아 가는 과정"이라고 설명한다.[8] 예배 안에서 음악으로 표현하는 기능을 보면 '드림의 기능, 대화의 기능 그리고 변화의 기능(닮아가는 과정)'이 있다.

또한 음악을 표현하는 방법적인 면을 고려해 볼 때 예배 안에서의 음악은 인도, 표현 그리고 충만의 기능으로 말할 수 있다.

■ 드림의 기능

한국 교회 예배를 살펴보면 '드림'이 강조되지 않고 드림을 하지만 '받음'을 위한 조건부 드림이 있는 것이 한국 교회 예배드림의 모습이다.[9] 이제 예배음악의 기능에 대한 올바른 정립과 이해를 가질 때이다. 하나님에 관한(about GOD) 노래보다는 하나님을 향한(to GOD) 노래를 부를

---

6) Robert D. Berglund, A philosophy of Church Music (Minnesota: Bethel Publication, 1998), 30.
7) 김남수, 《예배와 음악》(대전:침례교신학대학교출판부, 2003), 29.
8) Donald P. Hustad, Jubilate II Church Music in Worship and Renewal, Carol Stream (Illinois: Hope Publishing Company, 1993), 105. 재인용.
9) 김남수, 《예배와 음악》(대전: 침례교신학대학교출판부, 2003), 30.

때 예배에서 드림의 기능이 강조될 수 있다.

현재 한국 교회 예배에서 가장 많이 쓰는 음악은 찬송가이다. 찬송가는 대부분의 예배음악으로 사용되고 있다. 찬송가도 가사적, 주제적 그리고 음악적으로 분류할 때 좁은 의미의 찬송가와 복음성가로 나눌 수 있다. 또는 찬송, 복음찬송, 복음성가 세 가지로 구분할 수 있다.[10] 이러한 구분은 하나님에게 드림이 강조된 노래가 대부분이다. 찬송가를 부르면서 회중은 마음과 삶의 일상을 하나님에게 드림으로써 위로와 평강을 얻고자 한다.

젊은 세대들의 예배음악은 음악적 만족과 감동이 없으면 반응하지 않는다. 이들이 예배 안에서 하나님에게 영광을 돌리기 위한 드림이 없이 음악적 만족으로만 드리게 된다면 미래의 교회와 다음세대 예배는 지금의 서구 교회와 다를 바 없는 문화적 유산으로만 남을 것이다.

이러한 예배음악의 참여 방법에는 세 가지 형태로 설명할 수 있다. 첫째, 음악을 노래하거나 연주함으로써 하나님에게 영광을 돌리는 자와 음악을 들으며 간접적으로 음악 활동에 참여해 하나님에게 영광을 돌리는 자로 구분되는 형태이다. 예배 중에 특별한 노래를 하거나 성가대 찬양, 독주, 오케스트라의 연주 등 특정한 그룹들이 음악을 연주함으로써 참여하고 회중은 그 음악을 청각을 통해 참여하게 된다.

둘째, 음악을 연주하는 자가 듣는 자와 함께 교창 또는 응창을 하는 형태이다. 예배인도자가 음악으로 인도할 때 이러한 경우가 종종 나타난다. 인도자가 "하나님이 세상을"이라고 하면 회중이 "하나님이 세상을"이라고

---

10) 위의 책 31.

응창하는 것이다. 이는 서로의 음악적 역할을 교대함으로써 능동적인 예배에 참여하는 것을 말한다.

셋째, 특정한 음악을 연주하는 것이 아닌 회중이 직접 참여하는 형태이다. 이러한 참여는 하나님을 향한 적극적인 찬양이기에 하나님과의 교제를 경험할 수 있다.[11]

그러므로 예배에서 음악의 드림 기능을 올바르게 감당하기 위해서는 음악을 드리는 이유와 목적 그리고 어떤 음악을 드려야 하는지(방향)를 고려하여 음악의 기능을 감당해야 한다. 드림의 기능은 그 목적과 방향, 이유가 하나님의 영광을 위하여 표현해야 한다.

〈골로새서〉 3장 16절 "그리스도의 말씀이 너희 속에 풍성히 거하여 모든 지혜로 피차 가르치며 권면하고 시와 찬송과 신령한 노래를 부르며 감사하는 마음으로 하나님을 찬양하고"[12]의 내용은 음악의 균형과 가사의 균형을 이야기하고 있다. "진정한 예배와 찬양은 형식이나 말씀 또는 음악이 드리는 것이 아니라 예배자가 드리는 것이다."[13]라는 말의 의미를 발견할 때 예배 안에서 음악을 통해 드림의 기능을 온전히 이룰 수 있다.

■ 소통의 기능

〈골로새서〉 3장 16~17절 말씀을 보면 "하나님 아버지께"와 "피차"를 통해 쌍방향 작용에 대해 음악의 기능을 설명하고 있다. 예배의 신학적 측면에서 보면 "피차"와 "하나님 아버지께"라는 의사소통은 너무나 중요

---

11) 김남수, 《음악목회의 실제》(서울: 요단출판사, 1996), 170.
12) 〈골로새서〉 3장 16절 인용.
13) Robert D. Berglund, A philosophy of Church Music (Minnesota: Bethel Publication, 1998),

한 개념이다. 모든 말씀이 창조된 인간을 위해 선포되고 있다. 또한 그 말씀을 들은 인간들이 예배를 통해 의사소통을 할 수 있다. "피차"라는 언어적 상황에서 볼 때 하나님에 관하여 인간이 인간에게 말하는 수평적 의사소통이다. "하나님 아버지께"라는 언어적 상황은 인간이 하나님에 관하여 또는 인간이 인간에 관하여 하나님에게 말하는 소통의 표현[14]이다.

예배에서 상호작용적 대화의 기능이란, 하나님의 부르심에 대한 인간의 응답적 대화이다. 그래서 성경은 인간의 소통을 위한 행위는 〈출애굽기〉 24장 1절에서 '샤하(shachah)'라고 말하면서 "멀리서 경배하고"라고 설명한다.[15] 〈사도행전〉 10장 25~26절과 예수님이 사마리아 여인을 만나는 〈요한복음〉 4장 20~25절에서 '프로스쿠네오(proskuneo)'가 있다. 단어 자체는 두 단어가 합해진 것이다. '향하여'의 '프로스'(pros)와 '입 맞추다'의 '쿠네오'(kuneo)가 합해져 '나아가 입맞춤하다'가 되었다.[16]

성경적 관점에서 볼 때 예배 안에서 음악은 예배자 간의 수평적인 의사소통과 하나님과 수직적인 대화의 기능을 말하고 있다.

■ 만남의 기능

"예배는 우리가 하나님의 인격과 그분의 일하심을 찬양하면서 하나님에게 영광 돌리는 인격적 만남이다."[17]라고 예배학자 로버트 웨버는 말한다. 예배를 하나님과의 인격적인 만남이라고 설명하고 있는데 이것은 인간과 인간도 인격적인 만남으로 성장하고 성숙해지는 모습을 볼 수 있다.

---

14) 김남수, 《교회와 음악 그리고 목회》 (서울: 요단출판사, 1996), 234~235.
15) 위의 내용은 모세는 하나님 아버지께 가까이 계시고 아론과 나답과 아비후와 이스라엘 장로 칠십인과 함께 여호와께 올라가 5m 이상 떨어진 곳에서 경배한다는 이야기이다(WBC주석). 여기서 경배는 서서 경배의 의미가 아닌 경배의 대상에게 존중의 표시를 하는 엎드림, 무릎 꿇고 등으로 해석할 수 있다.
16) 마커스 그린, 천슬기 역, 예배 그 이상의 예배》 (서울: 서로사랑 2008), 268~276.
17) 로버트 E. 웨버, 김지찬 역, 《예배학》 (서울: 생명의 말씀사, 1988), 13.

어린아이들이 부모와의 인격적인 만남과 보호로 아이들이 점점 인격적인 존재로 성장하고 성숙해지는 것처럼 말이다.

그런 점에서 예배 안에서 음악을 통해 성장과 성숙을 나타내는 변화의 기능이 필요하다. 그래야 진정한 찬양을 하나님에게 드릴 수 있다. 이러한 찬양을 드릴 때 우리 안에서는 변화가 일어나게 된다.

하나님을 찬양하는 동안 찬양의 결과가 어떻게 나타나는지 성경의 근거를 다음과 같이 살펴보자.

① 영혼의 즐거움과 만족함 : 〈이사야서〉 61장 3절
② 마음의 기쁨 : 〈시편〉 28편 7절
③ 기적이 일어남 : 〈사도행전〉 16장 25~26절, 〈역대하〉 20장 14~22절
④ 영적 무기 : 〈마태복음〉 21장 16절, 〈시편〉 8편 2절, 〈출애굽기〉 15장 21절
⑤ 구원의 역사 : 〈사도행전〉 2장 47절
⑥ 수치를 당하지 않음 : 〈요엘서〉 2장 26절
⑦ 여호와를 의지함 : 〈시편〉 40편 3절
⑧ 두려움이 사라짐 : 〈시편〉 56편 3~4절
⑨ 감동하게 하심 : 열왕기하 3장 15절
⑩ 귀신이 쫓겨감 : 〈사무엘상〉 16장 15~16절, 23절

성경에서 나타난 찬양의 결과는 전인적인 변화를 가져오고 있다. 몸, 정서, 마음, 의지로 나타난다. 〈마가복음〉 12장 30절을 살펴보면 "네 마음을 다하고 목숨을 다하고 뜻을 다하고 힘을 다하여 주 너의 하나님을 사랑하라"고 말한다. 변화의 체험은 '의지'(마음), '감정'(영혼), '지성'(생각),

'오감'(힘)으로 나눌 수 있다[17]. 나아가 이러한 체험적 예배를 통해 역동적인 세계관의 변화까지 이를 수 있다.[18]

실제로 성경은 글자로 이루어졌지만 그 말씀을 읽을 때 그 상황에 있는 듯이 느끼는 마음은 우리 안에 '의지', '감정', '지성', '오감'이 총동원되어 삶을 변화시키는 능력을 체험하기 때문이다.

여기까지는 허스태드의 세 가지 기능을 통해 예배음악의 본질적 기능을 분석해 왔다. 예배 사역을 통해 위의 세 가지 기능과 한 가지 더 기능을 추가한다면, 바로 '임재의 기능'이다.

■ 임재의 기능

많은 예배자는 예배에서의 음악 기능은 하나님에게 드려지는 것 그리고 우리에게 회복과 치유를 주시는 것에만 이해하고 있다. 하지만 예배에서의 음악 기능은 하나님의 임재를 경험할 수 있는 음악의 능력이 있다.

음악은 감정적인 부분을 다룬다. 예배 안에서 감정(영혼)적인 부분을 움직이는 코드 톤(chord tone)와 화성 그리고 음악적 편곡으로 예배의 자리에서 영적인 감동을 받게 할 수 있다. 이 예배의 자리에서 영적인 체험의 형태들을 보면 혼자서 전혀 음이 맞지 않은 노래들을 부르거나 춤을 추거나, 기도를 하는 모습이다. 이것을 현대 예배에서는 '거룩한 노래'[19]라고 칭하기도 한다.

호주에 있는 힐송교회(hillingsong church)에서는 1988년도부터 예배를

---

17) 밥 로글리엔, 김동규 역, 《예배는 체험이다》 (서울: 예수전도단, 2005), 서문 중에서.
18) 로버트 E. 웨버, 김세광 역, 《예배가 보인다 감동을 누린다》 (서울: 예영커뮤니케이션, 2010), 40.
19) 그레그 시어, 캠퍼스워십 & 강명식 역, 《아트오브워십》 (서울: 예수전도단 2009), 140.

회복하기 위한 힐송 콘퍼런스를 개최했다. 한국에 소개된 시점은 1995년 7월이다. 이후로 힐송의 예배음악을 적극적으로 도입하게 되었다.

힐송 예배음악의 특징은 예배의 가장 절정인 임재를 위한 연주를 하게 된다. 두 가지 코드 톤(chord tone)으로만 연주하는데, 이때 모든 예배자는 12분 동안 손을 들고 음악의 흐름에 맞추어[20] 몸과 생각과 의지를 담아 무음이나 춤으로 때론 기도로 나아감을 볼 수 있다. 예배 안에서 음악으로 하나님을 향하게 되고, 자신이 무엇인가 일을 하고자 하는 것이, 오직 하나님에게 몸과 마음과 생각과 의지를 담아 경외하는 상태를 체험하는 기능을 갖는다. 개교회 예배 안에서도 음악으로 짧은 시간이지만 임재의 기능이 나타난다. 예배의 부름을 나타내는 시간 그리고 회중 기도를 마치고 잠시 묵상하는 시간, 성만찬을 진행하는 시간[21]에 음악의 연주로 그 기능을 표현한다.

예배 신학자인 단 샐리어즈(Don Saleues)가 지은 《거룩한 예배》에서 '그리스도의 현존과 하나님의 실현을 어떻게 임재 방식으로 설명할 수 있는가?'라는 물음 앞에 단 샐리어즈는 "기억"이라는 내용(contents)의 개념으로 찾아갔다. 하나님 말씀, 성경 속에서 일어난 사건 그리고 십자가에서 죽으신 그리스도, 예수 그리스도와 함께했던 성만찬, 기도와 찬양의 가사가 주는 의미로 임재 방식을 바라보고 있다.[22]

신약의 예수 그리스도께서 성만찬을 집례할 때 '너희는 이 잔과 떡을 먹을 때마다 나를 기념하라.' 하시며 성찬을 나눴다. 이때 '나를 기념하라'

---

20) 달린 첵, 허미연 역, 《넘치는 예배》(서울: 횃셔&지엔지비, 2001/2002), 164.
21) 로버트 E. 웨버, 김세광 역, 《예배가 보인다 감동을 누린다》(서울: 예영커뮤니케이션, 2010), 73.
22) 단 샐리어즈, 김운용 역, 《거룩한 예배》(서울: 설교와 아카데미, 2010), 358.

라는 말은 영어로 표기하면 'Remember'로 설명된다. 헬라어로 표기면 '아남네시스'[23]로 어원의 뜻은 "기억 이상의 특별한 임재와 같은 의미"로 설명된다.

이와 같이 하나님의 임재를 설명할 때, 그리스도, 말씀, 사건, 성만찬 그리고 가사와 곡으로 이어진 찬양으로 하나님의 임재를 기억하게 하는 실현을 볼 수 있다.

예배음악의 방법적 기능

■ 리딩(Leading)의 기능

예배음악의 방법적 기능은, 개교회 예배에서는 오르간 전주 또는 피아노, 두 가지 이상의 음을 자유로이 연주 가능한 신디사이저(synthesizer)로 예배의 시작과 마지막을 음악으로 연출한다. 그래서 음악은 형식적인 기능과 방법적인 기능으로 보면 예배에서 그 비중이 매우 크다.

음악을 통해 예배를 알리고 예배의 요소들이 원활하게 인도하는 기능을 갖는다. 예배 10분 전 대부분의 교회에서는 배경음악을 틀어 놓거나 연주로 예배의 집중도를 높인다. 이것 또한 인도의 기능으로 볼 수 있다. 그리고 예배 순서로 들어가서는 예배의 부름을 위한 오르간 연주나 피아노, 신디사이저로 예배의 시작을 알리고, 회중 기도나 대표 기도가 끝날 경우에도 음악으로 예배를 인도한다.

회중 찬송의 전주를 하면 예배자들은 찬송할 준비를 하며, 연주자가 마

---

23) 단순히 과거 사건의 기억이나 인식, 기념 정도를 의미하는 것이다. 인지적으로 무엇을 생각하거나 기억하는 정신적인 과정을 넘어 예전 과정과 행위를 통해 그분을 기억하는 것을 의미한다. 김운용, '그리스도의 잔치를 다시 활성화 하자'《목회와 신학》(2012년, 4월), 69.

지막 한 마디를 남겨 놓고 Rit(ritardando, 점점 느리고 폭 넓게)로 연주하면 회중은 마지막 음절을 천천히 부르는 준비를 한다. 이와 같이 예배에서 쓰이는 모든 음악은 형식적인 면과 내용적인 면에서 인도의 기능을 갖는다.[24]

■ 표현의 기능

예배에서 음악은 "잘 사용하고, 잘 선택하고, 잘 연주해야 한다."[25]라고 영국 예배 신학자 에릭 로울리(Erik Routley)는 설명한다. 표현의 기능으로 본다면 한국 교회의 교회음악이나 예배음악은 극대화가 심하다. 교회가 성장하면서 음향 시스템이나 악기 시스템에 많은 비용을 투자하며 설치하게 되지만 막대한 자본으로 투자한 전문 음향 시스템, 악기 시스템을 정작 전문 기술을 습득한 사람들이 조절하는 것이 아닌 자원봉사자나 관련된 직종의 봉사자 아니면 신학생들이 조절하는 형편이다.

'잘 사용하고, 잘 선택하고, 잘 연주해야 할', 표현의 단계들이 회중 예배자가 하나님을 기억하고 하나님의 임재를 경험하는 데 중요한 단계라고 생각한다. 찬송을 연주하고 음악으로 표현할 때 정교히 연주하고 표현하면 그 가운데 회중 예배자는 정교하게 만들어진 가사나 음악으로 예배자 자신의 감정과 생각을 음악에 실어 그리스도를 기억하고, 성경에 나타난 사건들을 기억하며 자신의 노래로 승화해 표현하는 것이다. 개교회마다 음악의 표현상 차이는 있겠지만, 예배에서 음악으로 마음을 동의하고 입으로 노래함으로써 하나님의 은혜를 실현하고자 하는 열망을 갖는 것은 동일하다고 생각한다. 그래서 예배에서 음악의 표현을 통해 하나님의

---

24) 김남수, 《예배와 음악》(대전: 침례교신학대학교출판사, 2003), 40.
25) Erik Routley, Hymns and Human Life (London: John Murray, 1952), 299.

임재를 경험할 수 있기 때문에 표현의 기능으로도 볼 수 있다. 이로 인해 음악을 통해 예배하는 표현(방법)은 여러 가지 행위로 나타난다.

사실 근대 교회에서는 예배의 표현 행위가 그리 많지는 않았다. 현대 교회로 접어들면서 새로운 예배의 움직임이 이루어졌고, 예배 안에서 손을 들거나, 기립을 한다거나, 엎드림을 한다거나, 손뼉을 치고, 심지어 춤을 추면서, 소리를 발하며[26] 경배와 찬양을 하는 교회들이 점점 늘어나고 있다. 이러한 예배의 표현 행위는 성경에서도 나타나는 행위이다. 〈시편〉에서는 이러한 표현 행위의 모습을 찾아볼 수 있다. 몸의 형식, 음성의 형식, 손의 움직임 형식으로 나타나고 있다. 이러한 세 가지 대표적인 형식이 성경에 표현되고 있는 근거와 지금의 현대 교회에 예배 형태로 인식할 때 어떠한 적용과 한계점이 있는 살펴보자.

몸의 형식으로 본다면 몸을 굽히는 상태, 서 있는 상태, 춤추며 표현하는 상태로 경배하는 형식이다. 몸을 굽히는 방식은 "오라 우리가 굽혀 경배하며 우리를 지으신 여호와 앞에 무릎을 꿇자"(시 95:6) 말씀에 나타난다. 솔로몬이 백성 앞에서 자기 자신을 산 제물로 드렸을 때 그는 무릎을 꿇고 하늘을 향하여 손을 들고 하나님에게 부르짖는 장면이 〈역대하〉 6장 13~14절에 나타난다. 이러한 예배 표현 형식으로 우리 몸의 자세와 태도가 분명하게 예배 대상인 하나님에게 나타내 보이는 형식이라고 말할 수 있다.

사실상 이러한 표현 형식은 주일예배를 드리는 예배자들에게는 많이 어려운 형식이다. 엎드릴 수 있는 환경이나 공간의 형태가 아니기 때문이

---

26) 김세광,《예배와 현대문화》(서울: 대한기독교서회, 2005), 232~233.

다. 엎드림의 자세는 겸손, 슬픔, 참회 등을 표현[27]한다. 그렇다고 공중예배에서 이러한 표현을 하기에는 공간과 환경의 제약을 받게 된다.

서서 있는 방식은 참 신기하게도 예배에 관련된 제사 가운데 〈시편〉에 언급되지 않은 자세가 바로 앉은 자세이다. 하나님에게 앉아서 예배한다는 것은 참으로 어려운 일이다. 우리가 그분의 임재 앞에 서는 것은 영광과 경의, 사랑의 마음을 드린다는 것이다. 예배라는 말은 고대 영어 'weorthscipe'라는 단어에서 나온 것으로 '가치를 돌리다', '경의를 표하다', '존경하다', '숭배하다'라는 뜻[28]이다. 이 단어는 후에 'worthship'으로 바뀌었고, 결국 우리가 사용하는 'worship'이 되었다.

사람이 가치를 두는 것이나 높은 가치를 두는 장소 그리고 장소에 서서 그 가치를 향한 태도[29]가 바로 예배의 대상에게 대한 형태이다. 앉아 있는 형태의 예배는 한국 교회 예배의 틀로 규정되듯이 형식으로 드리고 있다. 서서 예배하는 것을 권고한다면 수많은 기성세대는 크게 반발할 것이다. 하지만 성경은 분명히 서서 경외하는 마음으로 예배의 대상인 하나님에게 경배하라고 말한다. 앉아 있는 형식의 예배 태도는 우리를 수동적으로 나타내고 하나님을 향한 적극적인 태도는 나타나지 않을 것이다. 서서 경배하는 상태의 예배 시간을 갖는 것은 우리가 하나님 보좌 앞에 영과 진리로 나아가는 적극적인 반응이라고 말하고 싶다.

춤추며 예배하는 형태는 몸으로 나타내는 역동적인 태도이다. 우리가 하나님 앞에 서서 예배한다는 사실을 부정할 자는 많지 않을 것이다. 그

---

27) 위의 책, 234.
28) 탐 크라우터, 장택수 역, 《처음처럼 예배하라》 (서울: 예수전도단, 2008).
29) Whaley M. Vernon, Ph.D. Understanding Music & Worship in the Local Church (Wheaton,Ill.: Evangelical Training Association, 1995), 15.

런데 서서 예배한다는 표현은 〈시편〉에 두 번밖에 기록되지 않았다. 〈시편〉 149편 3절 "춤 추며 그의 이름을 찬양하며 소고와 수금으로 그를 찬양할지어다", 〈시편〉 150편 4절 "소고 치며 춤 추어 찬양하며 현악과 퉁소로 찬양할지어다"를 김세광 교수님의 《예배와 현대문화》에서는 무릎 꿇음이 예배의 자세로 계속 유지해야 할 것을 나타내는 것을 〈빌립보서〉 말씀을 인용하며 설명한다. 그리고 기도할 때의 본능적인 자세로 설명한다. 하지만 현대에 와서는 서서 기도하는 모습, 몸을 움직이며 기도하는 모습 등의 형식이 자유로우면서 기도의 집중도가 다르게 변하고 있음을 본다. 그러기에 예배의 자세로 무릎 꿇음이나 앉은 자세로 계속 유지하는 것으로 해석하기에는 이해하기 어려운 문제이다.

그렇다면 본능적이고 〈빌립보서〉 말씀으로만 이해한다면 지금의 우리 예배는 무릎 꿇음의 예배로만 드려야 할 것이다. 그래서 서서 춤을 추며 예배하는 형태는 지극히 하나님을 향한 적극적인 표현이며, 또한 이러한 형태는 하나님과 그분의 말씀에 자원함의 근거 형태로 볼 수 있다.

음성[30]의 형식으로 본다면 입으로 표현하는 방식, 창작된 멜로디로 노래하는 방식, 큰 소리로 외치며 선포하는 방식으로 구분하여 설명할 수 있다.

입으로 표현하는 방식으로는 〈시편〉 109편 30절을 보면 "내가 입으로 여호와께 크게 감사하며 많은 사람 중에서 찬송하리니"라고 말한다. 하나님과 인간의 만남 사건 중 〈창세기〉에 아담을 창조하시며 음성으로 말씀하시는 장면이 나온다. "동산 중앙에 있는 선악을 알게 하는 열매를

---

30) 음성은 노래하는 기능과 말로 소통하는 기능이 있다. 그중 음성에서 노래하는 기능으로 설명하고자 한다.

먹지 말라. 먹으면 정녕 죽으리라", "아담아 어디 있느냐" 등 하나님이 인간에게 음성으로 찾아오시는 모습을 볼 수 있다. 음성으로 하나님과 소통할 수 있다는 것은 우리 인간에게만 나타나는 형태이며 소통의 도구이다. 그렇다면 예배의 대상인 하나님을 향하여 음성으로 찬양하는 당연한 이치이다(시 42:4, 66:8). 이렇게 함으로써 우리는 하나님의 선하심을 알리는 데 우리의 입을 사용하는 것이다. 하나님과 소통된 약속의 말씀을 선지자, 왕, 제사장의 음성으로 전달되어 하나님의 일하심을 볼 수 있는 것이다. 음성으로 말하며 찬양하는 형태는 예배의 자세와 표현에 있어서 없어서는 안 될 고백이며, 증거[31]의 형태이다. 〈시편〉 40편 3절, 51편 15절, 63편 5절, 71편 8절, 89편 1절, 145편 21절, 149편 6절, 〈로마서〉 15장 6절에서 입으로 표현되는 형태를 설명하고 있다. 한국 교회의 예배에서도 입으로 신앙을 고백하며, 입으로 노래를 하고, 입으로 기도하는 예배의 자세가 나타난다. 이러한 표현은 형식으로만 나타나는 것이 아니라 하나님을 예배하고 찬양하는 예배자라면 자원하는 마음으로 표현할 때 예배자들을 향한 하나님의 임재가 더욱 두드러지게 나타날 것이다.

창작된 멜로디로 노래하는 방식이 있다. 부르는 노래를 들어 보면 개인이나 그 어떤 상태를 알 수 있다. 노래로 표현되는 것은 속사람의 거침없는 표현이다. 고통, 배신감, 도망자의 신세, 슬픔, 죄의식, 육체의 연약함 등으로 나타났던 다윗은 〈시편〉에서 구구절절하다. '왕이신 나의 하나님 내가 주를 노래합니다'(시 145:1), '여호와 내 하나님이여 내가 주께 피하오니 나를 쫓아오는 모든 자들에게서 나를 구원하여 내소서'(시 7:1).

---

31) Bob Sorge, EXPLOING WORSHIP(A Practical to Praise and Worship) (WASHINGTON: Oasis House, 1987), 42.

〈시편〉18편은 창작된 노래로 많이 표현된 곡 중에 한 부분이다. "나의 힘이신 여호와여 내가 주를 사랑하나이다/ 여호와는 나의 반석이시오 나의 요새시오 나를 건지시는 이시오 나의 하나님이시오 내가 그 안에 피할 바위시라 …… 내가 찬송 받으실 여호와께 아뢰리니 내 원수들에게서 구원을 얻으리로다." 이렇게 다윗은 자신이 처한 상황과 상태를 음성으로 고백하고 음으로 만들어진 멜로디로 노래하며 속사람의 모습을 거침없이 표현해서 보여 주고 있다. 이것은 다윗이 일상에서 예배해 왔던 자세 중에 많은 노래를 만들어 위대하시고 전능하시며 인도하시는 하나님을 기억하는 방식으로 보인다.

이스라엘 백성이 바벨론 포로에서 자유를 얻었을 때, 그들은 즉시 수금을 버드나무에서 내려 들고 새 노래로 하나님에게 노래하는 장면이 〈시편〉137편 1절에서 4절에 나온다. 〈시편〉126편 2절에서는 "우리 입에는 웃음이 가득하고 우리 혀에는 찬양이 찼었도다." 하나님이 포로 된 자들을 돌려주신 그날은 기쁨의 날이었음이 당연하다. 하나님의 크고 권고하심에는 새 노래와 기쁨, 즐거움의 소리가 창작된 노래 형식으로 표현되고 있다. 또한 다윗의 성막에는 음악을 맡은 자들이 노래하는 특별 임무를 위해 임명되거나 성별했다(대상 9:27~34). 분명히 다윗은 악기 연주와 노래하는 분야에서 봉사할 자들을 계통적으로 임명했을 것으로 본다. 여호사밧(대하 20:21~22)은 전쟁의 시간에 노래하는 자들이 중요했음을 알고 있었다. 여호사밧은 군대 앞에 노래하는 자들을 세우고 거룩한 예복을 입혀 아름다운 찬송으로 전장 내부로 길을 인도하는 것을 볼 수 있다. 이 장면을 보면 근대에서 현대로 접어들면서 교회에서는 성가대(찬양대)를 구성하고 예배의 시작과 중간의 찬양, 예배의 끝을 알리는 역할을 하고 있다. 그러므로 창작된 음악을 만들어 내는 자들이 얼마나 중요한지 성경을 통해 알 수 있다. 그리하여 많은 교회가 창작된 음악을 저작권료를 지불하며 사용해야 할 시대가 도래한 것이다. 개교회가 개교회 음악인들이 창작한 곡을 제외하고는 모든 곳에 저작료를 지불해야만 하는 상황이 된 것이다. 이제는 한국 교회도 전문적으로 음악과 노래를 창작할 전문인을 세워 예배 안에서 하나님의 친밀한 기름 부으심을 경험할 수 있도록 해야 할 것이다. 창작으로 노래를 만들어내는 자들은 힘을 다하여 주님 앞에서 노래해야 할 것이다(대상 13:8). 창작된 노래를 하는데 연합된 음성과 음의 능력과 영광은 솔로몬 성전 봉헌식에서 잘 보여진다(대하 5:13). "할렐루야 새 노래로 여호와께 노래하며 성도의 모임 가운데에서 찬양할지어다"(시 149:1).

　큰 소리로 외치며 선포하는 방식이다. 큰 소리로 외치려면 힘을 줘야 한다. 힘과 의지를 담아 전달하고자 하는 것을 분명하게 외칠 때 큰 소리를 듣는 회중은 그 소리에 반응을 하게 된다. 〈시편〉 5편 11절을 보면 "주께 피하는 모든 사람은 다 기뻐하며 주의 보호로 말미암아 영원히 기뻐외치고"라고 말한다. 큰 소리를 낼 수 있는 형태는 기쁘거나 억울하거나 고통 중에서 견딜 수 없을 때 낼 수 있다. 하나님은 이 두 가지 형태에 있는 인간들의 소리를 들으시고 응답하시어 하나님의 사랑을 증명하셨다.

　〈이사야서〉 12장 6절을 보면 "시온의 주민아 소리 높여 부르라 이스라엘의 거룩하신 이가 너희 중에서 크심이니라"고 말한다. 그리고 다윗의 언약궤를 찾아서 예루살렘으로 옮겨올 때 기쁨으로 크게 소리치고 춤

추며 언약궤를 맞이하는 모습을 볼 수 있다(삼하 6:15). 현재 우리가 드리고 있는 예배가 큰 소리로 외치며 하나님의 구원을 노래하는가 생각해 보면 너무나 고전적인 예배 형태로 표현하고 있음을 누구나 인정할 것이다. 한국 교회의 예배에서 큰 소리로 할 수 있는 표현 시간은 점점 줄어들고 있다. 큰 소리가 울리지 않도록 방음을 하고, 큰 소리가 나지 않도록 예배 순서에서 삭제하는 경우가 너무 많다. 큰 소리를 내며 하나님의 구원을 노래하는 행위로는 악기 연주나 큰 소리뿐만 아니라 회중의 기도 소리도 있다. 개인이 기도하는 음성과 회중 전체가 기도하는 소리의 울림은 너무나 다르다. 그러기에 예배 중에 큰 소리로 찬양하고 큰 소리로 기도하는 것은 하나님의 임재와 거룩함을 경험하는 회중의 예배 경험일 것이다. 이러한 회중의 경험은 예배 안에서 하나님 말씀을 들으며, 예수님이 우리를 향한 십자가의 사랑과 희생의 섬김을 기억하고, 하나님의 임재와 구속 능력 가운데 참여자가 되어 하나님의 임재와 역사를 재현하는 방법[32]으로 나타낼 수 있다. 그렇다고 이런 회중의 경험으로 예배의 구조와 형태를 규정할 수 없다. 다만 예배 안에서 소리, 특별히 큰 소리로 하나님을 증명하기 위한 표현 행위는 중요하다는 인식을 전하고 싶을 뿐이다.

손의 움직임 형식에서 본다면 손뼉을 치거나, 손을 들거나, 손으로 연주하는 방식으로 설명할 수 있다. 손뼉을 치는 방식으로는 예배 중에서 많이 볼 수 있는 모습이다. 누구를 환영할 때와 찬양의 영광을 손뼉 치며 나타내는 모습을 현대 교회에서 많이 볼 수 있는 방식이다. 이러한 방식은 비단 환영과 찬양의 영광만을 표현하는 방식은 아니다. 성경에서는 하나님의 임재와 그분의 함께하심을 기뻐할 때 표현 방식으로 나타낸다.

---

32) 단 샐리어즈, 김운용 역, 《거룩한 예배》(서울: 예배와 설교아카데미, 2010), 331.

〈시편〉 98편 4절부터 8절까지의 이러한 표현을 보면 "온 땅이여 여호와께 즐거이 소리칠지어다 소리 내어 즐겁게 노래하며 찬송할지어다 수금으로 여호와를 노래하라 수금과 음성으로 노래할지어다 나팔과 호각 소리로 왕이신 여호와 앞에 즐겁게 소리칠지어다 바다와 거기 충만한 것과 세계와 그 중에 거주하는 자는 다 외칠지어다 여호와 앞에서 큰 물은 박수할지어다 산악이 함께 즐겁게 노래할지어다." 〈시편〉 98편의 말씀을 자세히 들여다보면 예배를 음성과 손의 움직임 그리고 몸으로 표현하고 있음을 볼 수 있다. 또한 이러한 세 가지 방식은 하나님의 창조와 구속, 구원, 심판을 증거하는 표현 방식으로 나타나고 있음을 알 수 있다. 그러므로 손뼉을 치는 것은 예배 안에서 중요한 표현 방식임을 알 수 있다.

손을 들고 표현하는 방식이다. 손을 든다는 것은 감사나 존경의 대상에게 표현하는 방식 중 대표적이다. 〈애가서〉 3장 41절에 보면 감사하는 마음에 대한 자연스러운 반응은 주 앞에서 손을 드는 것이다. 손을 높이 든다는 것은 하나님에게 맹세 또는 약속을 성취하는 행위의 표시가 된다는 것이다(창 14:22). 예배에서 손의 표현 방식은 참으로 중요하다. 세계 여러 유수한 교회나 음악 선교단체들의 영상과 매체를 통해서 보면 손을 드는 모습을 자주 볼 수 있다. 손을 든 장면을 계속 보여 주는 이유는 여호와를 경외하는 마음, 여호와의 구원을 인정하는 마음, 언약의 성취를 이루실 것을 믿은 모습으로 손을 든다고 표현[33]한다.

〈시편〉 134편 1절에서 2절에 "밤에 여호와의 성전에 서 있는 여호와의 모든 종들아 여호와를 송축하라 성소를 향하여 너희 손을 들고 여호와

---

33) 김인옥, '미국장로교 기독교교육참관기' 《목회와 신학》 (2012년 4월), 132.

를 송축하라"고 말한다. 여호와의 일하심을 보고 그 일을 이룰 확신을 표현하는 방식이 바로 손을 드는 의미이다. 지금의 교회들도 이러한 의미를 회복하고 다시금 일주일에 한 번 대 그룹 예배를 드리고 있는 현대인들을 향해 하나님의 구원, 하나님의 언약, 하나님을 경외하는 마음을 갖도록 손을 들고 표현 방식을 자주 도입하기를 기대한다.

악기로 연주하는 방식이다. 구약성경에 비해 신약성경은 교회에서 악기를 사용해도 된다는 근거가 없다고 생각하는 사람이 많다. 바울은 교회 안에 있는 그리스도인들에게 권면한다. "시와 찬송과 신령한 노래들로 서로 화답하며 너희의 마음으로 주께 노래하며 찬송하며 범사에 우리 주 예수 그리스도의 이름으로 항상 아버지 하나님께 감사하며 그리스도를 경외함으로 피차 복종하라"(엡 5:18~19). 여기서 "시"라는 말의 의미는 수금이나 다른 악기로 반주하는 찬양의 송시 또는 노래로 설명할 수 있다.

〈시편〉의 시들도 대부분 칭송의 시나 노래로 표현되었다. 사실 이러한 단어 정의로 지금의 교회에서 현대 악기를 사용하고 있는 전문 연주인들을 격려할 수 있다고 생각한다. 〈골로새서〉 3장 16절에서도 "그리스도의 말씀이 너희 속에 풍성히 거하여 모든 지혜로 피차 가르치며 권면하고 시와 찬송과 신령한 노래를 부르며 감사하는 마음으로 하나님을 찬양하고"라 하며 바울은 초기 기독교 교회인 골로새 교인들에게 권면하고 있다. 물론 악기 연주에 의존한 나머지 음악이 멈추거나 음악이 없으면 하나님을 향한 예배도 멈춘다는 인식이 나타날 수 있다. 이러한 인식과 사고 형태는 주의해야 한다. 악기 연주를 하지 않을지라도 하나님에게 드리는 찬양은 위에서 말한 방식으로 표현할 수 있기 때문이다. 탄식과 고통의 상황에 있었던 다윗이 하나님을 향해 회복과 기쁨의 마음을 표현하기 위해

〈시편〉 150편의 말씀으로 그의 예배를 엿볼 수 있다. '나팔 소리', '비파와 수금', '소고 치며 춤추어', '현악과 퉁소', '큰 소리 나는 제금', '높은 소리 나는 제금'으로 말하고 있다. 이러한 악기가 지금의 현대 악기로 발전하면서 〈시편〉 150편에서 말하는 대로 예배 중에 악기로 표현되고 있다. "예배는 언어와 상징 행위로 수행된 기반 '안에서' 그것을 '통해' 가능해진다."고 정통 예배학자인 단 샐리어즈는 말한다.[34] 그러나 언어와 상징 행위를 더욱 나타낼 수 있는 방식으로 설명한다면 언어는 '시'로 표현할 수 있다. 그리고 하나님의 임재 상징 행위로는 '신령한 노래', '악기 연주', '거룩한 성찬 행위'가 그것을 증명할 수 있다. 의식을 뛰어넘어 하나님을 향한 예배 가운데에서는 적극적인 참여가 예배의 동력을 일으킬 것이다.

예배에서 음악의 기능을 실현한 성경 인물 중에는 역시 다윗이다. 다윗의 장막에서 표현되는 음악의 모습은 다음과 같이 정리해 본다.

　㉠ 노래와 노래하는 자들의 있음(대상 15:16)

　㉡ 악기와 음악이 있음(대상 23:5)

　㉢ 찬양의 제사가 있음(대상 16:4, 30)

　㉣ 손뼉을 치며 칭송함(시 47:1)

　㉤ 주님 앞에서 춤을 추어 노래함(대상 16:10, 27)

　㉥ 손을 들어 찬양함(시 134편)

　㉦ 엎드려 감사의 제물을 드림(대상 16:4, 8, 41)

■ 가득함의 기능

예배에서 음악은 인도하고 표현할 뿐 아니라 예배를 풍성하게 누리도

---

34) 위의 책, 244.

록 한다. 우리가 드리는 예배가 풍성하다고 느끼는 이유는 아름다움의 본체가 되시는 하나님을 음악으로 그 아름다움을 더욱 극대화하고 표현할 수 있기 때문이다. 여기서 일컫는 하나님의 아름다움은 미학적 아름다움이 아니라 도덕적, 윤리적 표현이다.[35] 하지만 음악을 통해 만들어내는 예술적 아름다움은 도덕적, 윤리적 아름다움이 아니라 미학적 아름다움이다. 진리 되신 하나님의 아름다움이 미학적인 아름다움은 아니지만 음악이 예배자들의 정서를 움직여 예배를 풍성하게 누리는 마음을 갖게 한다. 물론 음악만이 강조되는 미학적 아름다움은 예배를 예술로만 표현하는 역기능의 모습으로 초래할 수 있다.

그렇다면 음악은 예배에서 실용적이어야 하는가? 또는 심미적이어야 하는가? 실용적인 것과 심미적인 것은 모두 풍성의 기능을 가지고 있다.[36] 실용적으로 음악을 표현하더라고 음악적 가치와 의미를 풍성하게 하는 기능 그리고 심미적인 음악을 표현하더라도 예술적인 충만을 가져오는 기능이다. 좀 더 쉽게 말하면 미학적인 음악 없이도 진리의 예배를 드릴 수 있고, 실용적인 음악이 없이도 아름다움의 하나님을 기억하며 예배할 수 있다. 음악적 풍성의 기능을 잘못 이해하면 음악의 힘에 우리의 정성을 맡기고 음악을 예배하게 되는 잘못된 결과를 가져오게 한다.[37] 반대로 음악적 풍성의 기능을 완전히 무시할 때에도 우리가 영과 마음으로 하나님을 찬양하고 예배하는 일이 풍성하지 못할 것이다.[38] 다시 말해 진리의 아름다움과 심미적 아름다움의 측면에서 우리가 최선을 다할 때 음

---

35) 해럴드 베스트, 하재은 역, 《신앙의 눈으로 본 음악》 (서울: IVP, 1995), 51.
36) 김남수, 《예배와 음악》 (대전: 침례교신학대학교출판사, 2003), 42.
37) 에이든 토저, 이용복 역, 《예배인가, 쇼인가》 (서울: 규장출판사, 1997), 22.
38) 김남수, 위의 책, 43.

악은 예배를 풍성하게 하는 기능을 하게 된다.

4. 예배음악의 시대적 흐름과 인식의 바로 세움

　예배음악의 사용에 있어서 가장 중요한 관점은 예배음악을 통해 무엇을 나타내고자 하는가 이다. 예배 안에서의 음악은 도구적 기능이나 소통적 기능 그리고 임재의 기능으로 살펴보았다. 예배음악의 흐름 기준을 어디에 두느냐에 따라 음악의 형식이 바뀌는 경향을 보게 되었다. 예배음악을 미국의 찬양신학자 저드슨 콘월[39]의 표현으로는 "경배와 찬양"이라고 설명한다. 저드슨 콘월은 예배 안에서의 흐름을 다음과 같이 설명한다.

〈저드슨 콘월의 예배음악의 흐름〉

단계	내용	의미
1단계	개인의 간증 노래	초청의 의미
2단계	감사함으로 그 문에 들어가는 노래	준비의 의미
3단계	찬송함으로 그 궁정에 들어가는 노래	찬양의 의미
4단계	성소 안에서의 장엄한 예배드림	경배의 의미
5단계	삼위일체 하나님과의 친밀한 교제	친교의 의미

　이러한 예배음악의 흐름을 설명하는 것은 음악의 목적과 방향이 분명해야 한다는 것을 의미한다. 예배 안에서의 음악 사용과 흐름이 예배 전체의 흐름을 좌우하고 있기 때문이다. 또한 예배음악의 흐름에서 나타나는 의미는 하나님의 속성이 분명하게 반영되고 있는가? 대부분의 예배음

---

39) 김영국, 《성공적인 예배를 위한 음악목회 프로그램》 (서울: 한국장로교출판사, 2005), 122.

악의 전문성이 높은 경우에는 음악적인 탁월성으로만 표현되거나 전문성을 가지고 있는 사람에게 집중되다 보니 하나님의 속성을 이해하기보다는 음악적 전문성만 표현될 뿐이다.

예배 안에서의 음악 사용과 흐름은 예배의 회중과 대중이 다양하게 찬양할 수 있도록 돕는 것이다. 찬송가와 코러스(소규모의 인원으로 불려지는 멜로디의 합창 소리)로 예배 안에서의 음악적 풍부한 울림을 경험할 수 있도록 돕는 역할이 필요하다. 이러한 흐름은 미국 동부에 위치한 브룩클린 태버내클 교회[40](Brooklyn tabernacle church)의 예배 전경을 참고하면 좋겠다. 250여 명의 콰이어와 30인조의 팝스오케스트라(pop-orchestra) 예배 인도의 흐름은 전형적인 저드슨 콘월의 흐름을 따르고 있다. 초청-준비(경배와 찬양)-찬양의 향기(성소에서의 찬양)-경배-친교의 흐름으로 예배의 전반을 이끌고 있다. 이러한 흐름의 장점은 예배가 흐트러지지 않고 초점이 분명하게 유지되는 큰 장점이다.

한국에서는 많이 경험하지 않았지만 빈야드 스타일인 예배음악의 흐름이다. 예배의 흐름을 총 6단계로 나누고 있다. 초청의 단계, 나아감의 단계, 높임의 단계, 경배의 단계, 친밀의 단계, 정리의 단계[41]이다.

1단계	2단계	3단계	4단계	5단계	6단계
초청의 흐름	나아감의 흐름	높임의 흐름	경배의 흐름	친밀의 흐름	정리의 흐름

---

40) 브룩클린 태버내클 교회는 뉴욕 지역에서는 '도시 안에 교회'로서의 사명을 뛰어나게 감당하고 있는 교회 중 하나이다. 뉴욕에서 '할렘' 다음으로 뉴욕 지역에서 흑인이 많이 사는 동네로 알려져 있다. 또한 이곳에 출석 인원은 1만 명 이상의 회중이 모이는 교회를 짐 심발라(Jim Cymbala) 목사가 목회하고 있으며 이 교회의 콰이어는 그 유명한 '그래미상'을 네 번이나 수상한 경험을 갖고 있다. 교회 안의 예배음악 흐름을 주도하고 예배의 목적과 방향을 콰이어와 짐 심발라의 예배 주제와 적절하게 펼쳐내고 있다. 아내인 캐롤 심발라의 음악성으로 악보도 볼 줄 모르는 사람들을 훈련하여 14개의 앨범을 만들어 전 세계에 태버내클의 음악을 알리고 있다.

41) 이천, 《찬양이 하늘에 닿다》 (서울: 누가출판사, 2008), 96.

이러한 예배음악의 흐름은 한국의 예배음악 선교단체들에게 영향을 준다. 한국 교회 안에서도 이러한 자원과 인재들은 충분히 있다고 본다. 한국 교회에서도 성가대의 역할이 참으로 중요한 기능을 하기 때문이다. 예배를 인도하는 리더십과 성가대를 지휘하시는 전문인 사역자와의 긴밀한 연합과 조율로 한국 교회에서도 이러한 모델적인 교회가 나와야 할 것이다.

여기서 조금 더 음악적인 깊이를 가지고 화려한 코드를 사용하지 않고 진행하는 자유로운 형식의 음악(free style)을 사용하는 경향이다. 많이 사용되는 부분은 아니지만 음악의 흐름과 가사 그리고 분위기의 성형에 따라 깊은 내적 교감을 갖게 하는 형식이다. 하지만 이러한 음악은 대중적인 음악 스타일인 뉴에이지 음악과 흐름이 비슷하다 보니 한동안 음악 스타일로 사용되다 지금은 사용하지 않는 추세이다.

모든 예배음악의 흐름에는 목적과 방향이 있다는 것을 알 수 있다. 회중 송으로 인도하는 방식과 특별한 연출적인 예배 인도 방식에서의 예배음악의 사용은 목적에 따라 그리고 방향에 따라 음악 스타일을 다르게 할 수 있어야 함을 알게 된다. 대부분의 한국 교회에서는 예배의 회중이 직접 참여할 수 있는 예배의 흐름을 선호하고 있음을 알 수 있다. 찬송가, 가스펠, 현대 성가 그리고 CCM 등의 곡을 가지고 예배음악의 흐름을 이끌기 위해서는 예배의 목적과 방향이 참으로 중요한 역할을 하고 있음을 인식해야 할 것이다.

II.
예배음악
사역의 뼈대를
탐험

II. 예배음악 사역의 뼈대를 탐험

1. 예배음악 사역의 현장을 탐방하다

이제 예배음악 사역의 실제적인 부분을 다루어 보다. 지금의 한국 교회들은 작은 교회이든 대형 교회이든 교회를 건축할 때 현대적 시스템으로 진행한다. 예배의 공간 개념도 전통의 예전적 공간 개념이 아닌 성도들의 편의 시설과 현대적 공간 배치를 하고 있음을 볼 수 있다. 사실 예배 공간은 참으로 중요하다. 회중이 예배를 드리며 하나님을 기억하고 기념할 수 있는 의미로서의 공간 개념이 있을 때 매주 예배시 하나님의 임재를 경험할 수 있다고 생각한다. 교회가 건물을 의미하지는 않지만 건물 안에서 예배의 경험을 하게 되는 회중은 예배 공간이 자신의 신앙적 의미와 가치를 증대시킬 수 있기 때문이다. 물론 건물 자체를 성역화하고 샤머니즘적 행위로 잘못 이해할 수 있기에 예배 공간에 대한 올바른 이해와 교육이 있어야 한다. 특별히 예배에서 음악 사역하는 팀의 위치가 교회마다 다양하게 배치되어 있다. 말씀을 전하는 설교단과 찬양으로 돕는 성가대와 찬양팀의 위치 등 예배 공간의 배치 또한 중요한 의미와 상징을 갖고 있음을 알 수 있다.

　서양 건축사에 있어서 교회는 한 시대의 문화, 정치, 사회, 경제 등을 반영하며 건축양식을 변화시켜 왔다.[1] 이러한 변화는 교회들의 건축양식과 예배 환경, 공간의 변화에 이르게 되었다. 예배 공간의 주 기능은 예배의 의식과 성찬, 세례 의식으로 전통적 교회들의 예전 형태일 것이다. 하지만 지금의 교회는 주요 형태 외에 장로 임직, 결혼, 영화 상영, 연극, 음악 공연 등의 공간으로 활용하고 있다.

　예배학자인 로버트 웨버는 예배 공간이 기독교적 구속관을 표현할 수 있는 수단이라고 본다. 이러한 수단이 강단, 탁자, 세례반 등과 같은 구속의 표지들과 회중, 찬양대, 집례자 및 복음을 극화하는 기타의 사람들을 위한 공간 배열에서 나타난다고 하였다.[2]

　교회 안에서의 공간 배열과 배치는 기독교적 구속사의 개념도 있지만 하나님의 거룩함 상징과 임재를 나타내는 중요한 역할도 있다. 위의 구성된 하나님의 계시된 말씀을 선포하는 강단(설교단)에서 하나님의 일하심과 역사하심 그리고 전능하신 일들을 행하셨던 것들을 찬양의 가사로 하나님의 임재를 증거하는 찬양대의 위치와 형태는 회중석에서 바라보는 시선과 공간의 배열에 따라 다르게 느껴지게 된다. 그러므로 예배 공간의 효율적인 배열과 배치는 지금의 많은 한국 교회의 끊임없는 과제이다.

　지금 한국 교회들의 예배 공간을 보면 말씀을 전하는 강단의 높이와 위치가 회중과의 소통 개념으로 만들어지고 있다. 과거 전통적 교회의 강단(설교단)의 높이가 상당히 높아 회중이 고개를 들고 말씀을 듣는 광경

---

1) 제임스 화이트, 정장복 역, 《예배의 역사》 (서울: 쿰란출판사, 1997), 95.
2) 로버트 E. 웨버, 정장복 역, 《예배의 역사와 신학》 (서울: 한국장로교 출판사, 1988), 186.

을 종종 보았다. 그러나 오늘날 교회들마다 전문적인 음향 시설을 설치하기 시작하면서 현대의 새로운 건축양식의 강단 디자인을 하여 회중의 눈높이에 맞춰 말씀을 듣는 회중과 가까이 하고자 하는 노력을 보이고 있다. 심지어 강단이 축소되어 한 사람 정도 서서 할 수 있는 형태로 바뀌고 있다. 4~5세기 예배당에는 성경 낭독대, 성찬대가 있었다. 이 두 개의 상징 모형은 하나님 말씀을 듣는 상징적인 기능을 하고 있었다. 근대 교회로 접어들면서 예배당 안에 찬양대를 위한 배치를 하게 된다. 그리고 예전 순서에도 특별 찬양 순서를 마련하여 회중이 함께 부르거나 특별 찬양 순서로 진행되었다. 이후 현대 교회로 접어들면서 예배 안에 음악 사역의 형태와 인식은 급속도로 성장하여 클래식 악기, POP 악기들이 예배 안에 연주되고 표현됐다.

이러한 악기 연주와 표현은 예배에 큰 영향을 주어 예배 공간에서도 중요한 배열과 배치를 받게 된다. 호주 힐송교회, 싱가포르의 콩휘 목사가 시무하는 교회, 한국에서는 분당 지구촌교회, 양재 온누리교회, 사랑의교회, 분당 우리교회 등 대형 교회들에서는 악기 배치와 배열이 예배 공간에 지대한 영향을 주고 있음을 본다. 강단 중앙에 악기를 배치하거나 찬양대(성가대)가 설교 강단 뒤에 배치되어 예배의 처음과 끝을 함께하는 모습을 보여 준다.

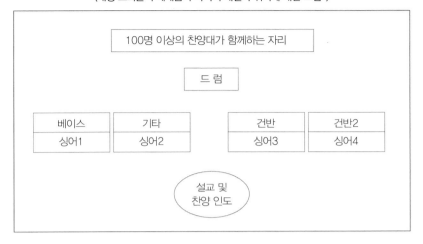

〈대형 교회들의 예배음악 사역의 배열과 위치에 대한 그림3)〉

2. 예배음악 사역에서의 회중의 비중

　예배음악 사역에서 회중은 아주 중요한 동반자입니다. 음악 사역의 창
조와 표현을 할 수 있는 것은 그 음악을 수용하고 오감으로 할 수 있는 회
중이 없다면 그 이상의 예배음악 사역은 실현할 수 없다. 예배학에서는
회중에 대한 언급이 그리 많지 않다. 하지만 예배의 회중은 예배음악 사
역에 있어서 중요한 역할을 담당한다. 예배를 집례하는 사람들과 설교자
등 예배를 인도하는 사람들의 리드로 따라가는 형태가 대부분이었다면
현대 한국 교회는 회중와 함께 소통하는 예배가 되지 않고서는 원활한 예

3) 개신교 예배는 주로 설교단 중심의 예배임을 볼 수 있다. 그리고 성찬 중심의 예배를 드리다 보니 강단 앞
쪽은 일반 성도들이 다가갈 수 있는 횟수가 많지 않았으며, 성직자나 지도자들만이 다가가는 모습의 형태였
다. 하지만 2000년도 교단을 넘어 예배음악 사역의 배열과 배치가 두드러지게 발전하면서 지금의 표에 있는
것처럼 예배 공간을 활용하고 있다.

배가 진행될 수 없다. 설교자 중심의 예배였던 흐름이 이제는 설교자와 예배의 흐름을 이끄는 예배 인도자와 연주자 그리고 회중과 교류가 유기적인 흐름으로 바뀌어 가고 있다. 원고를 보지 않고 설교하는 설교자, 음악의 악보를 보지 않고 찬양을 인도하는 인도자가 점점 많아지면서 회중과 강단의 위치 그리고 회중과 사역자의 위치가 점점 가까워지는 모습을 볼 수 있다.

예배는 하나님의 사랑과 존귀하심, 위대하심이 삶 속에서 나와 함께하시는 영적 촉진제이다.[4] 하나님을 갈망하는 사람들과 예배음악 사역을 통해 끊임없이 하나님의 임재를 구하고 실현하는 음악 사역이 함께 어울러 질 때 이러한 예배는 하나님 임재의 경험을 오감으로 경험할 수 있는 매개가 될 것이다. 예배의 회중을 통해 하나님을 향한 적극적인 표현을 음악 사역으로 증명하고 창조할 수 있는 예배음악 사역은 앞으로 더 많은 창조 연구와 표현으로 다가올 다음세대의 예배를 실현해야 한다.

또한 예배의 회중은 새로움에 대한 기대감을 갖고 있다. 음성(언어)으로만 들려지는 예배는 새로움에 대한 기대를 극대화할 수 없다. 감성과 기억, 상상을 자극하여 예배 안에서 하나님을 경험하는 음악 사역은 회중들로 하여금 하나님을 경험하고자 보좌 앞으로 나올 수 있기 때문이다.

신약 인물 중에 사도 바울은 그리스도의 복음을 전하다가 로마 감옥에 수감된 적이 있었다. 그는 그 환경을 찬양의 자리로 바꾸고 옥중에서 하나님을 뜨겁게 찬송했다. 이러한 찬송 소리를 죄수들이 듣게 된다. "한밤중에 바울과 실라가 기도하고 하나님을 찬송하매 죄수들이 듣더라"(행

---

4) 패트릭 카바로우, 김창대 역, 《하나님의 임재를 갈망하는 예배자》 (서울: 브니엘출판사, 2012), 25.

16:25). 이에 갑자기 큰 지진이 나서 옥터가 움직이며 문이 다 열리고 모
든 사람의 매인 것이 다 벗어져 죄수들이 도망가자 간수는 크게 놀라 자
결하려 했지만 바울이 그 몸을 해하려 하지 말라고 한다. 그리고 간수는
"내가 어떻게 하여야 구원을 받으리이까"(30절)라고 질문한다. 바울은 "주
예수를 믿으라 그리하면 너와 네 집이 구원을 받으리라"(31절)라고 하자
간수는 그의 가족과 그가 아는 모든 사람에게 이 소식을 전한다. 찬양의
매개로 한 영혼을 구원하게 하며 또한 그 영혼의 주변을 변화시키는 매개
가 되었다. 찬양 소리를 들은 자들이 구원에 이르는 과정까지 보여 준 장
면이다. 지금의 한국 교회는 찬양 시간이 많이 배정되어 있다. 많은 시간
을 할애하는 예배음악 사역이 음악 사역으로만 보여진다면 〈로마서〉 16
장과 같은 기적과 구원이 이루어 질 수 없다. 예배음악 사역으로만 집중
되는 지금의 시대에 다시금 〈로마서〉 16장과 같은 음악 사역의 목적과
방향이 분명하게 들어나야 할 것이다. 방향과 목적이 분명한 음악 사역으
로 예배의 회중은 하나님의 구원을 찬양하고 또한 열방을 향해 예수 그리
스도의 온전한 복된 소식을 전할 수 있는 삶의 의지와 기대를 갖게 되기
때문이다.

예배음악 사역이 회중에게 주는 기대는 하나님의 구원을 이루고 온전
한 그리스도의 사랑과 은혜를 전파하는 헌신과 섬김이 있도록 하는 것이
다. 예배음악 사역이 단순이 기능적인 이해로만 본다면 예배 안에서의 가
장 중요한 상징인 그리스도 중심의 예배가 되지 않을 것이다.

3. 예배음악 사역의 구조와 기능

예배 사역의 구조

예배 사역의 구조는 정확히 기준을 두고 설명하기가 어렵다. 또한 이러한 구조적인 예배음악 사역의 형태를 이야기하는 전문 서적도 그리 많지 않다. 하지만 예배음악 사역의 구조는 지금의 현대 교회에게 꼭 필요한 전략이다. 심지어 예배음악 사역의 구조를 전문적으로 하는 전문 디렉터까지 두고 예배의 구조와 그 기능을 감당하도록 하고 있다. 예배음악 사역의 구조는 다음과 같이 구분할 수 있다.

첫째, 예배의 부름을 위한 음악 사역의 구조를 살펴볼 수 있다. 예배의 시작을 알리고 예배에 초대하여 이끌고자 음악 사역을 하게 된다. 전통적 오르간으로 연주함으로써 예배의 시작을 알리는 형태가 있거나 찬양대(성가대)가 예배의 시작을 알리는 형태도 있다. 예배 부름의 구조에서는 예배음악 사역으로 회중과 예배 흐름을 감사와 찬양, 송축이라는 예배 흐름으로 전개해 볼 수 있다. 구약의 성막 예배를 살펴보아도 성막 문과 뜰을 지나가는 것을 감사와 찬양이라는 내용으로 전개된다고 예배학자들은 해석하고 있다.[5] 예배의 환경과 장소에 따라 예배음악 사역의 음악 콘텐츠를 사용하고 있음을 볼 수 있다. 예배의 부름, 즉 시작을 알리는 것을 사람의 음성으로 하지 아니하고 창조된 표현 음악 연주로 예배로 초대하고 있는 지금 현대 교회들의 예배 전경이다.

둘째, 예배의 쌍방향 소통 구조이다. 이것은 예배를 드리는 회중이 하

---

5) Cornwall. Judson, Let us praise (New Jersey : Logos, 1973), 27.

나님을 향한 칭찬과 존경의 표현인 높임의 찬양을 통해 하나님과의 만남과 영적인 친밀함을 갖도록 하는 구조를 말한다. 일방적인 소통이 아닌 쌍방향의 소통을 갖기 위해 예배 안에서의 음악 사역은 정교한 집중력과 표현이 있어야 한다.[6] 회중이 하나님을 향해 경배와 찬양을 드릴 수 있게 하는 소통은 회중 자신이 몸을 엎드리거나 손을 들거나 소리를 내어 기도하면서 하나님과의 소통을 갖고자 할 수 있지만, 회중 자신이 바로 하나님을 향한 칭찬과 존경의 표현으로 들어가기가 어렵기 때문에 음악 사역으로 칭찬과 존경의 표현 행위를 간접적으로 보완할 수 있다. 회중의 이러한 하나님을 향한 찬양과 존경의 표현이 예배 형식과 음악 사역으로 하나님의 임재가 있는 것임을 설명할 수 있다. 예배음악 사역의 형식과 표현으로 예배 안에서 인간과 하나님과의 쌍방향 소통 구조로 접근하여 설명할 수 있다.

셋째, 예배의 화답과 반응 구조이다. 하나님의 계시와 언약에 말씀이 선포되고 그 이후 예배의 회중과 인도자가 그 말씀에 화답하여 반응하도록 음악 사역이 갖는 구조이다. 찬송가로 말씀을 듣고 결단하는 찬송을 부르거나 말씀의 핵심 주제에 맞는 복음성가를 부름으로 말씀을 기억하고 기념할 수 있게 음악 사역의 순서로 화답과 반응을 설명할 수 있다. 설교를 통해 주제적 계시가 선포되면 선포된 주제적 계시에 화답과 반응의 절정은 결단의 찬양이라고 말할 수 있다. 이러한 결단과 결심으로 주제적 계시에 구체적인 행위로 반응하여 나아갈 수 있기 때문이다. 지금의 한국 교회 예배에서는 이 순서를 결단의 찬양이라는 순서로 사용하고 있다.

---

6) 밥 소르기, 최 혁 역, 《찬양으로 가슴 벅찬 예배》 (서울: 두란노, 2005), 111.

이 순서에 음악 사역이 계시된 말씀에 결단적 신앙의 삶을 살도록 이끌어 가는 역할을 하고 있다. 예배 안에서의 음악 사역으로 회중의 신앙적 삶의 촉진제가 되는 결단의 음악 사역 구조가 한국 교회에서는 중요한 예배 순서로 자리 잡고 있다. 〈시편〉 100편 4절에 보면 음악 사역의 구조가 두 가지로 나타난다. 찬양(감사, 찬양) 그리고 송축이며, 또 다른 음악 사역 구조로 생각해 보면 감사와 찬양과 경배로 설명할 수 있다. 이러한 두 가지 구조로 예배 순서가 진행될 때 음악 사역은 두 개의 구조로 구성할 수 있다. 결국 두 가지 구조가 음악 사역으로 구성할 수 있는 의미는 그동안 역사하심에 대한 감사와 찬양이라는 구조 그리고 지금 이 시간에 임하시고 역사하실 하나님을 경배하는 구조로 구성할 수 있다는 것이다. 이런 화답과 반응의 구조를 통해 음악 사역이 그 역할을 감당할 수 있을 때 진정한 예배의 화답과 반응이 나타나는 것이다.

넷째, 예배의 기쁨과 선포의 구조이다. 예배를 드릴 때 가장 음악의 에너지를 잘 표현할 수 있는 부분이 바로 이 구조이다. 이는 기쁨, 축하, 의식, 예전의 환희를 나타내기 위한 도구가 바로 음악 사역의 모습이기 때문이다. 다양한 악기와 리듬, 멜로디로 표현되는 음악 사역은 예배의 인도자와 회중을 기쁨의 행위로 움직이게 한다. 기쁨의 행위로 말미암아 보이지 않는 영적 권세들과의 싸움에서 능히 이길 선포와 외침을 할 수 있는 모습이 바로 예배의 기쁨과 선포의 구조이다. 〈시편〉 150편 1절에서 6절에 나타난 모든 악기의 동원과 연주로 "호흡이 있는 자들아 여호와를 찬양하라"는 말씀의 가치가 더욱 승화되도록 만들 수 있다. 〈요한복음〉 4장에 나타난 사마리아 여인이 예수님을 만나고 영원한 생수를 알게 되고 예배의 진정함을 경험하고 나서 그 동네에 돌아가 큰 소리로 메시아 구원자를 만났다고 외치는 장면이 나온다. 지금 우리의 예배 마지막 순서가 기쁨과 선포의 외침으로 표현되기 위해서는 음악 사역의 의존도가 더욱 강하게 나타날 것이다. 모든 악기의 연주 소리와 사람의 음성이 창화하여 천상의 예배를 재현하는 음악 사역의 구성과 조화가 예배의 기쁨과 선포로 이어질 때 〈골로새서〉 3장 16절 말씀처럼 피차 서로 예배의 기쁨과 선포 예배로 나아갈 수 있다. 이런 예배 재현은 음악 사역의 창조와 변화를 가져다주며 더 나아가 예배자의 삶을 하나님과 동행하는 삶으로 이끄는 동기가 되도록 한다.[7]

　이러한 예배음악 사역의 구조를 예배 신학의 관점에서 살펴보면서 이 내용을 더 구체적인 예배음악의 방향과 의미를 정립하여 설명하고자 한다. 예배음악은 워십 콘텐츠(Worship Contens)에 의해 흐름과 내용으로 전개된다. 하나님을 높이는 찬양의 흐름과 내용일 경우에 예배음악 사역의 방향도 그 흐름과 내용에 부합되는 연주나 역할을 한다. 이렇다 보니 하나님을 높이는 찬양, 서로를 격하고 나누는 축복의 찬양, 계시와 말씀에 은혜 받을 것을 삶과 세상에 선포하며 살아가는 의지를 갖게 하는 찬양 등 목적과 방향에 따라 설명할 수 있다. 교회음악 신학자들은 교회론에 근거한 방향에 교회음악의 종류를 세 가지 영역으로 나눈다. 즉 케리그마적 음악, 레이투르기아적 음악, 코이노니아적 음악이다.[8] 케리그마적 예배음악의 흐름은 선포적 음악이고, 레이투르기아적 예배음악의 흐름은 찬양과 기도의 내용으로서 하나님을 높이는 음악이다. 그리고 코이노니아적 예배음악의 흐름과 방향은 서로를 격려하고 나누는 음악이다.

---

7) 단 샐리어즈, 김운용 역, 《거룩한 예배》 (서울: 예배와 설교아카데미, 2010), 333.
8) 데이비드 패스, 김석철 역, 《교회음악 신학》 (서울: 요단출판사, 1995), 122.

지금까지 예배음악 사역의 구조를 살펴볼 때 네 가지 음악 사역 구조로 정리해 볼 수 있다. 그리고 예배음악의 방향과 목적에 따른 구분 내용을 아래의 표로 정리해 본다.

〈예배음악 사역의 구조와 방향〉

항목 음악 구조	교제와 격려, 환영 (코이노니아적 음악)	높임과 표현 (레이투르기아적 음악)	결단과 헌신, 선포 (케리그마적 음악)
예배의 부름	감사, 교제	찬양, 기도	경배(송축)
예배의 쌍방향 소통	칭찬과 존경의 찬양	높임의 찬양	예배적 임재
예배의 화답으로의 반응9)	화답의 찬양	반응의 찬양	결단과 헌신
예배의 기쁨10)으로 선포	기쁨의 찬양	높임의 찬양	선포적 찬양

사실 위의 예배음악 구조나 음악의 방향과 흐름은 현장 사역에서는 또 다른 변화나 변수가 생기어 갑자기 음악의 흐름과 방향을 결정하여 진행할 때가 많다. 나는 '올네이션스 경배와 찬양'과 해외 유수한 예배 인도자들과 함께 예배음악 사역의 흐름과 방향을 현장에서 경험한 적이 있다. 한국의 예배음악 흐름과 방향은 대부분 해외 예배음악 앨범을 패러디하거나 약간의 편곡을 통해서 진행되는 음악 사역의 구조이다. 1990년대 후반에 호산나 인테그리티(Hosanna! Integrity Music, USA)11)에 소속된 예

---

9) 예배에서의 '반응'은 오감적인 반응이라고 설명할 수 있다. 특히 음성, 몸짓, 춤, 뛰기, 손뼉치기, 손 들기, 악기 연주, 묵상 등으로 호흡을 있는 모든 사람의 예배 반응이라고 설명할 수 있다.

10) 예배에서 '기쁨'은 승리의 의미를 담고 있다. 영적 전쟁에서의 승리, 하나님과의 만남으로서의 기쁨, 이 땅에 살아가는 소망 주신 것에 대한 기쁨으로 설명할 수 있다.

11) 호산나 인테그리티는 '찬양과 경배' 시리즈를 전문으로 제작하고 있는데 이 시리즈의 특징은 삶에서 직접 예배를 경험할 수 있도록 예배 실황을 음반에 담고 있다. 예배 인도자의 힘 있는 선포와 기도, 현장감 넘치는 성도들의 박수 소리, 환호성, 방언 찬양이 담긴 이 앨범들은 듣는 사람들에게 하나님의 임재를 느끼게 한다. 또한 앨범마다 예배 인도자의 기름부음이 있는 하나의 주제(영적 전쟁, 하나님의 다스림, 가정, 치유 등)를 정하고, 그 흐름에 맞는 곡을 선정하여 이 시대 모든 사람이 들어야 할 하나님의 마음을 전하고 있다. 특이한 점은 앨범마다 예배 인도자가 다르다는 것인데, 앨범에 참여하는 예배 인도자들은 미국과 영국, 호주 등에서 현재 활발하게 활동하고 있는 교회나 팀의 예배 인도자들이다.

배 인도자, 예배 사역자들이 창작한 음악 사역 구조가 한국에 발표되면서 음악 사역에 접목해 예배음악 사역의 성장을 가져왔다. 그중 한국에 내한 예배 인도자 돈 모앤(Don Moen), 론 카놀리(Ron Kenoly), 밥 피츠(Bob Fitts) 등의 자작곡이 한국에 유통되면서 한국 교회 예배 사역의 현장에서 사용되기 시작했다. 그중 대표곡들은 〈거룩하신 하나님〉, 〈할렐루야 살아계신 주〉, 〈사랑하는 나의 아버지〉 등 수많은 자작곡이 지금도 한국 예배음악 사역의 90%를 차지하여 한국 예배음악 사역에 방향과 흐름에 결정적인 영향을 주고 있다. 예배의 현장마다 호산나 인테그리티의 모던 리듬과 화성의 음악 형태를 사용하여 전문적인 예배음악 사역의 출발을 가져오게 된다.

예수전도단 화요모임, 디사이플스, 올네이션스 경배와 찬양, 어노인팅의 예배음악 사역단체들은 해외 서구의 음악들을 수입하고 번역하여 리듬과 화성을 예배음악 앨범으로 제작해 한국의 예배자들에게 예배음악의 전문성을 만날 수 있도록 시발점을 갖게 하였다. 그 이후 한국 교회는 예배음악 사역자, 연주자, 인도자 등이 전문성 있는 예배 사역에 관심을 갖고 예배자 학교, 예배 인도자 학교를 세워 교회의 예배음악 사역자들을 배출하고 예배의 새로운 패러다임의 전환을 갖고자 노력하였다. 그리하여 일정한 사례를 받는 전문 예배음악 사역자들은 예배음악을 창조하고 편곡하며 교회 사역자로 임명받아 예배 사역의 적극적인 참여와 창조, 예술 활동도 할 수 있도록 참여의 기회를 얻게 되었다. 이런 예배음악 사역의 적극적인 활동과 참여는 예배음악 사역의 구조와 목적, 방향에 더 나은 예배의 흐름과 진행에 크나큰 영향을 주게 되었고, 수도권 한국 교회의 예배음악 사역자들의 활동으로 지역 교회의 예배음악 사역도 큰 성장을 보이게 되는 결과를 낳았다. 2007년 'Again 1907'는 비록 기도 운동의 한 일환이었지만 내가 참여하고 인도한 서울, 대전, 광주의 예배음악 사역에서 지역 교회의 예배음악 사역이 얼마나 많이 성장한 지를 그들과 함께 사역에 참여하면서 발견하게 되었다. 전문적인 연주자들과 함께할 수 있었지만 나는 그 지역의 예배음악 사역자들과 2~3개월 합숙하며 연습하는 동안 지역 교회 예배음악 사역자들도 전문성과 창조성을 소유한 사역자들이 많다는 것을 알게 되었다. 결과적으로 예배음악 사역 구조를 살펴보면서 예배음악의 사역과 방향과 목적, 그 흐름의 의미와 내용이 예배음악 사역에 핵심 기능이라 설명할 수 있다.

4. 예배음악 사역의 방향과 한계성

예배음악 사역은 외형적으로 보면 화려해 보이지만 예배의 정신, 예배의 기초 훈련 없이 사역을 감당하게 되면 사역자들과 관계의 위험, 사역자들과 음악 수준의 차이로 인한 위험, 예배음악 사역이 우선시 되어 정작 예배자로 하나님을 경배하지 못하는 경향을 오랜 예배음악 사역의 현장에서 경험했다. 물론 음악적 소양과 지식, 역량을 갖추어야 한다. 이러한 음악적 소양을 통해 더욱 창의적 사역을 표현할 수 있기 때문이다. 오랜 시간과 훈련을 통해 예배 인도자, 설교자, 예배음악 사역자 이 삼박자를 잘 갖춘 교회나 예배음악 사역단체는 그리 흔하지 않다. 특별히 사랑의교회 예배음악 사역은 헵시바찬양팀의 예배 헌신과 섬김으로 예배음악 사역의 탁월함을 나타내고 있다. 매주 월요일, 화요일은 리더자와 음악 디렉터가 한자리에 모여 예배 사역의 정신과 나눔 그리고 교육 및 양육 등이 이어지며, 수요일 이후로 대부분의 연주 사역의 리허설로 진행된다. 특별히 사랑의교회 헵시바찬양팀은 한 음절, 한 소절의 연주와 노랫소리에 최선을 다해 예배음악을 섬기고 있다. 또한 예배음악 사역자들의 음악 수준에 비례하여 신앙의 영적인 상태는 많이 떨어짐으로 나타나는 예배 사역의 감동과 연합이 부족하다고 한다. 이로 인한 예배음악 사역자들의 영성 훈련 및 헌신의 시간을 높여 예배의 참여와 제자도에 많은 시간을 들여 훈련한다고 한다.[12] 예배 사역의 훈련과 사역은 사명과 헌신도에 따라 사역 기간을 정하고 있었으며, 사역 기간 동안 자신의 사역 성장과 성숙을 위한 노력은 디테일하게 단계별, 년도별 등의 구분으로 구체적인 노력과 훈련 시간을 가져야 한다고 한다. 한국 교회의 대표적인 교회로서 가장 작은 사역의 일부분도 하찮게 여기지 아니하고 사역의 태도와 자세가 분명하게 헌신되어져야 한다고 개인 훈련, 팀 훈련의 목표를 두고 있다. 이러한 사역의 목표와 방향성은 교회 찬양팀 사역의 중요한 지침이라고 한다. 사랑의교회 예배음악 사역의 방향은 아래 표와 같이 정리했다.

〈사랑의교회 예배팀 5가지 사역 제시〉

사랑의교회 헵시바예배팀의 5가지 사역 제시
1. 주일 말씀에 깊이와 영적인 감각을 찾는 사역자가 되어야 한다.
2. 예배음악 사역을 통해 치유와 회복이 자신부터 일어나도록 해야 한다.
3. 예배음악 사역자들의 표정과 행동은 예배를 더욱 풍성하게 해야 한다.
4. 선곡의 원칙이 필요하다. 음악적 상상력과 영적인 상상력의 교감이 있어야 한다.
5. 예배음악 사역은 예배의 흐름을 좌우한다. 그러므로 속도와 리듬, 선율, 분위기에 민감하고 고민하여 사역해야 한다.

---

12) 박희봉, '예배사역의 팀워크의 실패' 《목회와 신학》 (2007년 2월), 80~84.

지금 한국 교회는 예배음악 사역에 대한 기대를 많이 하고 있다. 그리고 한국 교회는 예배 사역자들을 찾고, 전문 예배 기획자들을 찾으며, 전문 예배 연주자도 수용하여 예배의 변화에 집중하고 있다. 하지만 음악을 연주하고 연출하는 것은 기능인의 수준에 따라 편차는 있겠지만 거의 같은 음악 형태를 따라가고 있다. 문제는 첫 번째, 예배를 기획하고 예배음악과 예배 사역의 연계성을 찾는 전문적인 기획자나 목회자의 부재가 많다. 두 번째, 예배의 흐름을 잘 이해하고 설교자와의 예배 영성을 같이 맞추어 가며, 회중과 예배의 목표를 잘 이끌어 내는 전문 예배 인도자의 역할이 부족하다. 세 번째, 선진국에서는 교회 조직이나 사역자들을 전문적으로 채용할 경우에 특정한 사례를 주며 동역해야 한다. 하지만 한국 대부분의 교회는 이러한 교회적 환경이 될 수 없다. 거의 자원봉사로 동역하고 있는 것이 현실이다 보니 전문적인 예배 사역과 예배음악 사역의 디자인을 거의 할 수 없는 환경이다. 이것이 가장 환경과 사역자들의 부재로 나타나는 한계성이다.[13]

또 하나의 한계성은 예배음악 사역자들의 정신과 사역 형태의 헌신도이다. 전문적인 예배음악 사역자에 대해 인식은 좋지만 예배팀과의 연계성, 연합이 부족하다. 그리고 신앙의 삶도 많이 달라 인격적인 교제와 나눔이 잘 이루어지지 않는 모습도 많이 나타나고 있다. 교회 내부적으로 전문 사역자와 자원봉사하는 사역자들과의 충분한 예배 정신이 연합되지 않으면 예배음악 사역을 하기 위한 준비는 되었지만 그 사역을 충분이 영향력 있게 나타내기에는 어려울 것이다. 이 문제는 오랫동안 교회 안에서

---

13) 제임스 화이트, 정장복 역 《예배의 역사》 (서울: 쿰란출판사, 1997), 137.

일어나고 있는 현상이다. 예배음악 전문사역자들 중에서는 유수한 예배음악 선교단체나 사역팀에서 훈련받았다고 기존의 개교회 예배팀과 조화롭게 사역을 지속하지 못하고 예배팀 사역을 와해시키는 일들로 성숙하게 성장하지 못하는 치명적 원인으로 나타나고 있다. 그러므로 예배음악 전문사역자들과 전문 목회자(다른 말로는 '음악 목사'라고 지칭한다) 그리고 예배 사역을 함께 할 사역자들(음악 디렉터)과 사역의 조율과 조화가 이루어져야 한다.[14] 한국 교회에서는 예배음악 사역과 사역자들의 역할과 기능에 대한 충분한 인식이 부족하다. 그래서 한국 교회가 앞으로 예배음악 사역의 발전과 성장을 도모하기 위해서는 예배음악 사역에 관련된 예배팀과의 동역 모색이 있어야 하며, 전문적인 헌신자들을 발굴하고, 예배음악 전문학교 등을 운영하여 교회와 사역자들의 통합 네트워크의 흐름이 될 수 있도록 적극적인 예배 사역에 지원이 있어야 할 것이다.

---

14) 이유정, '한국 교회의 찬양과 경배사역' 《목회와 신학》 (2007년 2월), 57.

III.

예배
사역단체들의
예배음악
집중 탐구

III. 예배 사역단체들의 예배음악 집중 탐구

1. 5개 정기적 사역단체의 현장이 궁금하다

한국 예배음악 사역단체들의 모임을 살펴보면 정기적인 모임을 갖고 있는 곳과 비정기적으로 진행되는 곳으로 나뉘어져 있다. 예배음악 사역의 많은 영향을 주고 있는 모임들은 주로 정기적인 모임을 진행하고 있다. 이러한 정기적 예배 사역의 현장은 각 사역단체들의 특색과 형식이 다른 면이 많고, 같은 요일에 진행되는 경우가 많다. 먼저 정기적으로 진행되고 예배음악 사역단체들의 현장을 찾아가 예배 사역과 흐름, 목적, 음악 및 구조를 소개하며 사역의 내용을 나의 관점에서 정리하고 소개하고자 한다.

마커스 예배 모임[1]

예배 사역의 소개. 마커스의 중요 키워드는 바로 연합이다. 마커스는 예수님의 흔적을 가진 사람들, 흔적을 만들어 가는 사람들이라는 의미로

---

1) 2013년 4월 18일 서울 지하철 낙성대역 근처에 위치한 해오름교회에서 진행된 예배 현장을 탐방하고 예배의 흐름과 구조 그리고 사역의 비전과 방향을 점검한 내용을 설명하고자 한다.

이 세대에 하나님이 원하시는 사역 방법이 연합이라는 마음을 주셔서 목회자, 평신도, 교파, 교회와의 연합이라는 마인드로 사역을 진행하고 있다고 한다.

"**내가 내 몸에 예수의 흔적(The Markers of Jesus)을 지니고 있노라**"(갈 6:17).

마커스의 목표는 아래와 같이 비전과 선교 사역의 목표로 설명한다.

*Vision & Mission

-이 땅의 회복과 부흥을 위해 문화적 도구를 통한 사역으로 섬기는 것.

*We're Mind = We're MARKERS 하나님의 시기에 하나님의 방법으로 예수 그리스도의 흔적을 만들어 가는 것이라고 설명한다. 그리스도인이 각자의 자리에서 하나님의 사람으로서 살아갈 수 있도록 돕는 것으로 설명한다. 여기서 아쉬운 점은 문화적 도구를 통한 사역이라고 하였는데 찬양 사역이나 뮤직트리 사역 등 음악 사역 말고 다른 문화 사역은 없다는 점이다. 내 생각은 조금 더 넓은 범위로 활동했으면 하는 바람이 있다.

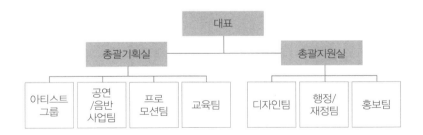

예배 사역의 구조

이러한 구성은 마커스만의 고유한 특징이라고 한다. 마커스를 제외한 다른 찬양 선교단체에서는 찾아볼 수 없는 전문적 구성인데, 그 이유는 마커스가 둘로스선교단에 소속되어 있는 단체이기 때문이라고 한다. 마커스는 2003년부터 시작해 2013년 10주년을 맞이했다. 이 중에서도 중요한 연혁을 꼽자면 다음과 같다.

2003. 4 설립예배 4월 26일 샘물교회

2005. 4 정식으로 마커스 목요예배모임 시작 원남교회

2007. 1 마커스 라이브워십 1집 〈my Solid Rock〉 발매

2010. 6 마커스 전국 투어

2012. 4 마커스 9주년, 마커스 전국 투어

2013. 5 마커스 10주년 기념앨범 발매

마커스의 상징은 'Markers'의 이니셜 'M'에서 십자가가 생겨나고 있는 모습을 형상화한 것이다. 또한 액체가 합쳐지고 분리되는 듯한 유기적인 형태는 마커스에 소속된 각 커뮤니티의 연합, 마커스 사역의 생명력, 척박한 문화적 토양에서 선한 문화를 만들어 가는 진행형의 과정을 표현하고 있다. 그 사역의 과정 가운데 비추이는 불꽃같은 빛은 마커스 한 사람, 한 사람이 가진 헌신의 의지이며 이 사역을 통해 하나님이 인도하신다는 불기둥의 은유이다.

마커스 예배 모임은 매주 목요일 2호선 낙성대역 근처에 위치한 해오름 교회에서 예배 모임이 진행된다.

예배 사역의 환경

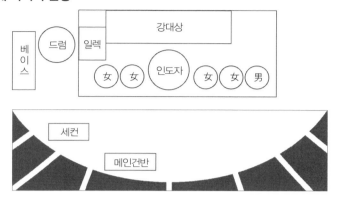

무대 구조 분석

악기가 한쪽으로 치우쳐져 있음을 볼 수 있다. 무대 공간이나 교회의 구조상 악기들이 한쪽에 몰려 있을 수밖에 없다. 마커스 예배팀이 서 있는 무대는 약 15센티 정도의 높이로 그리 높지 않아 회중석에서 모두가 서서 찬양할 때에는 그들이 잘 보이지 않았다.

예배실 구조 분석

복층 구조로 위층이 낮아서 아래층의 뒤쪽은 완전히 어둡다(답답하지만 빛이, 조명이 떨어지는 앞쪽으로의 집중이 용이). 예배실 전체가 반원 형태라 중심으로 예배의 집중이 용이하다. 예배의 악기는 무대 한쪽으로 구성되어 있다. 드럼, 베이스, 세컨 건반, 메인 건반 모두 리더인 일렉기타를 향해 세팅되어 있다. 일렉기타가 싱어들보다 살짝 뒤에 있어서 인도자와의 사인을 주고받기가 용이했다. 음향과 스피커의 위치는 여러 스피커가 엮여서 천장에 매달려 있다. 그것이 전부이다. 그러나 반원 구조이고 예배실 자체가 그리 깊지 않은 형태라 소리 전달에는 충분한 듯하다.

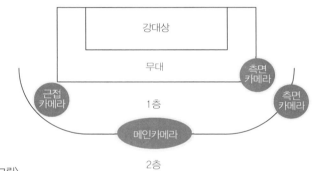

	강대상	
측면 카메라	
근접 카메라	무대
	측면 카메라
	1층
	메인카메라
	2층

〈카메라 구성 그림〉

지미집 카메라[2]는 없고 정면 카메라가 1대, 측면 오른쪽 카메라가 층마다 1대씩 총 2대, 근접 카메라가 1대가 있었다. 왼쪽에는 악기가 치우쳐져 있어서 오른쪽 회중 카메라만 있고 왼쪽에는 근접 카메라만 있는 것 같았다. 사실 마커스 예배 모임은 온라인상에 예배현장을 상영하고 있기에 전문적인 영상 장비를 사용하고 있다. 한국의 대표적인 예배 모임 단체이다 보니 많은 곳에서 탐방을 오는 경향이 많아 자료집으로 소개하는 모습도 보여 줬다.

조명의 위치나 배열은 기존의 교회 조명으로 사용하고 있었으며, 찬양할 때는 뒷부분의 좌석 조명은 off가 된다. 설교가 진행이 되면 모든 조명이 ON이 되면서 말씀에 집중할 수 있도록 하고 있었다. 가사나 예배의 현장을 볼 수 있도록 하는 스크린은 예배 현장의 크기와는 조금 작게 만들어져 스크린에 집중하지 않고 예배 인도하는 환경에 집중하도록 하고 있었다. 마커스는 예배에 집중하는 사역단체이다. 그렇기 때문에 예배를 제외하고는 카메라나 조명 등 기술적인 부분에 크게 신경을 쓰지 않는 모습을 보였다. 기술적인 화려함이나 연주의 전문성은 두드러지지 않았지만 예배에만 집중하는 그 담백함이 오히려 개개인에게 하나님과의 친밀감 경험을 만들어 주고, 예배자 자신들이 예수님의 흔적이 되고, 흔적을 만들어 가는 사람이 될 수 있도록 돕는 역할을 보여 주고 있었다.

예배음악 사역의 흐름

마커스의 찬양 콘티는 아래와 같이 나타난다.

---

2) 촬영을 보조하는 대형 촬영 기기이다. 입체적인 현장(상, 하, 좌, 우)과 구도(고도 사용 및 근접 촬영)를 잡아 줄 수 있는 전문 촬영 기기이다.

순서	함께 서로를 위해 기도하는 시간. 악기,싱어팀이 나와 준비 및 세팅. (드럼, 베이스, 기타, 건반 순으로 하나씩 나오면서 볼륨 조절 체크함). (1~8번 조명 ON. 4층의 8개짜리 조명 ON)
1	주의 도를 내게 알리소서 G	메인-스트링-드럼, 베이스 기타-Mute-메인 기타-나머지 〈리더의 리드 방법〉
2	산과 시내와 A	드럼-스트링-1절-패드-스트링
3	내 마음 다해 A	풀세션 인트로+인도자 멘트+일렉 솔로 →)확실히 악기가 화려해지면 분위기는 고조되는 것 같다.
4	거리마다 기쁨으로 A-Bb	메인 위주. 〈내 마음 다해〉 곡에서 잡아 놓은 분위기에 이어 조금 쉬어가 는 타임으로 가운데에 미디엄 템포의 찬양곡을 넣은 듯. 키업(Key-Up)을 할 때 또한 분위기가 고조된다.
5	이렇게 노래해 E-F	스트링 위주. 키업-분위기 고조. 이때가 분위기 최고조로 인도된다.
6	사랑의 노래 드리네	메인-베이스-기타-오르간-Mute(메인은 계속)-풀세션 ('주의 사랑의 품에' 끝을 끌지 않고 끊어서 담백하게 부름)
7	주님은 산 같아서 Bb	스트링-뮤트-베이스 메인-풀세션(기도- 베이스 솔로) 일렉하시는 분(리더인 듯)의 리드에 따라 줄어들면서 마침. (여자 싱어 1명 - 함부영 씨 오른쪽에 있던 - 솔로, 후렴부터 함께)
8	사랑하는 나의 아버지 Bb	생략
9	내 안에 사는 이 Bb	
	설교	화면이 목사님만 비춤 설교 시작하시기 전 기도하실 때 9~20번까지 조명 ON.
10	기도) 세상의 유혹 시험 이 F	• 자막: 찬양 가사. 스트링 위주→) 기도: 일렉 솔로 • 영상: 기타+회중 • 찬양과 설교 내용이 맞아서인지 회중이 더 집중해서 찬양함 • 회중을 찍는 영상이 오히려 분위기를 고조시키는 영향을 주고 있다. • 인도자의 리드에 맞춰 마무리가 됨. • 후렴부터 시작하면서 화면이 성도와 악기를 비춤, 안내자도 함께 찬 양 & 기도 - 이때부터 화면에 인도자 나옴, 곡 작사/작곡 제목 나옴, 영상이 주로 손을 찍고 점점 사람들을 찍음.
11	헌금) 그가 오신 이유 F	• 영상 싱어, 악기, 회중 다 감. 함부영 오른편 세 번째 남자 싱어 솔로. '그가 이 땅에' 부터 함께
12	새 힘 얻으리 A	

13	일어서리 E	인트로: 드럼 위주 *화면: 드럼 2번째 다시 돌아갈 땐 일렉 위주 *화면: 일렉

⟨Q-Sheet⟩ 인도자 - 함부영 사역자

PM 6:00 ~ 7:32	예배 준비	AR 틀어 놓고 각자 기도 & 예배 준비(4층 중앙에 프로젝트를 통해 쏜 무대 중앙의 ppt에는 마커스 목요예배 5가지 사항이 있다. BGM으로 찬양이 깔려 있었고, 대기 시간 동안 기도하는 사람, 휴대전화 하는 사람, 이야기하는 사람 등 다양한 모습이 보였다. 15분부터 사람들이 점점 많이 오기 시작했고, 31분부터는 사람들이 뛰어오기 시작함) 스텝: 계단, 라인 별로 한 명씩 서서 안내를 맡고 있었다.
PM 7:32 ~ 7:36	나눔의 말	대표자 나와서 멘트 & 기도
PM 7:36 ~ 7:37	찬양	기도 소리가 줄어들면서 인도자가 기도 후 찬양팀 나와서 함께 기도하며 찬양 시작됨.
PM 7:37 ~ 7:43		1번 곡 시작 모두 아는 곡이라 눈 감고 간절히 부름. 간주 중 사람들이 계속 들어오고, 다들 기도 혹은 찬양 흐름에 인도됨. 검은 배경에 가사를 띄움. (영상 없음)
PM 7:43 ~ 7:47		2번 곡 시작 모두 아는 곡이며. 모두가 일어나서 박수 치면서 찬양 드림. 느려지면서 2번 찬양 마무리로 진행함.
PM 7:47 ~ 8:04		3번 곡 시작 모두 아는 곡이며, 고조된 느낌으로 전개한다.
PM 8:04 ~ 8:10		4번 곡 시작 모두 아는 곡이며, 역시 고조된 느낌, 인도자 솔로로 먼저 들어가고, 보조 싱어들이 따라 들어감.
PM 8:10 ~ 8:14		5번 곡 시작 많은 사람이 아는 곡이며, 최고조 된 느낌. 간주 중 인도자가 전심을 다해 표현하자는 멘트함.
PM 8:14 ~ 8:19		6번 곡 시작 주님의 인도하심에 감사하며 우리의 마음을 고백하자는 멘트 후 찬양 시작. 잘 모르는 곡인 듯, 분위기 점점 낮아지고 있음.
PM 8:19 ~ 8:25		7번 곡 시작 주님만 바라보기 원한다는 인도자 멘트 후 왼쪽 싱어 솔로로 시작. 모두 아는 곡이며, 인도자가 순종함이 무엇인지에 대해 멘트하고 기도한 후, 회중과 함께 악기는 계속 연주하고 회중은 기도함. 싱어들은 들어감. 계속해서 사람들이 예배드리기 위해 들어오고 있음.

시간	순서	내용
PM 8:25 ~ 9:13	설교 김남국 목사님 (민수기 13:25~14:10)	설교 시작 * 찬양 내내 가사만 보이다가 목사님 영상이 나옴. '신앙을 결단하는 것과 믿음으로 사는 것은 곧 세상 것으로부터 내가 대가를 치른다는 의미이기 때문에 쉽지 않아서 세상 속에서 많은 고통과 환란을 겪게 되는데, 이러한 세상 속에서도 하나님이 이끌어 나가시기 때문에 우리는 세상을 두려워하지 말고, 하나님을 거역하지 말아야 한다.'라는 내용으로 설교함.
PM 9:13 ~ 9:16	잠깐 기도	메인이 먼저 나옴. 악기, 싱어팀 준비. 전체 연주자가 나오면서 일렉기타(리더) 분이 엔지니어와 사인을 주고받으며 볼륨 조절을 하면서 음향을 체크함.(이때부터 스크린에 영상 비치기 시작)
PM 9:16 ~ 9:21	나눔의 말	말씀 끝나자마자 목사님이 잠시 광고 (내일부터 3주 동안 전국 투어가 창원에서 시작되며 5월 4일 끝남. 이때 요셉과 같은 사람 만나게 해 달라고 기도하시고, 찬양팀은 나올 준비를 하고 있음). 영상은 검은 화면처리됨.
PM 9:21 ~ 9:26	찬양	10번 곡 시작 (8번과 9번 곡 생략, 자연스레 기도 마무리 하면서 찬양시작)
PM 9:26 ~ 9:27	찬양	10번 곡 시작 (8번과 9번 곡 생략, 자연스레 기도 마무리 하면서 찬양시작)
PM 9:27 ~ 9:33	봉헌	11번 곡 시작 (위대하신 주님을 찬송하며 나아가자고 멘트 후 남자 싱어 솔로로 시작. 2절부터 다 같이 부름). 함부영 사역자는 오른편 세 번째 남자 싱어 솔로할 때 one shot으로 함께 부를 때부터 회중과 찬양팀을 오가며 다채로운 변환을 주고 있었다.
PM 9:33 ~ 9:39	광고	광고 마커스의 10주년 사역을 소개하고, 마커스 음악앨범에 대한 홍보를 하고 있었다. 그리고 특별히 현장 탐방을 오신 분들은 온라인으로 설문 내용과 인터뷰 내용을 올려 달라고 소개했다.
PM 9:39 ~ 9:43	찬양	12번 곡 시작 위대하신 주님을 찬양하자는 인도자 멘트 후 찬양 시작. 사람들 박수 소리가 매우 컸다.
PM 9:43 ~ 9:47	찬양	13번 곡 시작 12번 곡 줄어들면서 바로 이어서 찬양이 시작되자 예배 회중은 뜨거운 반응으로 호응했다.
PM 9:47 ~ 9:49	축복하는 시간	목사님 나오셔서 찬양팀 축복하자고 하심(축복의 통로).
PM 9:49 ~ 9:51	축도	돌아가서 우리의 삶을 바로잡으라고 말씀하시고, 기도와 말씀 읽기 권유 후 축도하심.
PM 9:51 ~ 9:57	찬양	다시 3번 곡 시작 (인도자 나와서 하나님에게 영광의 박수 올리며 바로 내 마음 다해 찬양할 때, 예배 회중은 자연스럽게 예배의 장소를 거의 다 퇴장했다. 테두리 조명 ON) 모든 예배가 끝나자 영상은 마커스 소개 화면으로 전환.

마커스 예배 모임은 여러 세대들이 모이고 있었다. 10대에서부터 40대, 50대의 예배 회중도 볼 수 있었다. 10대가 30%, 20~30대가 주로 예배 회중이었는데 65%를 차지했다. 그리고 40~50대 예배 회중도 5% 정도 예배에 참여하고 있음을 볼 수 있었다.

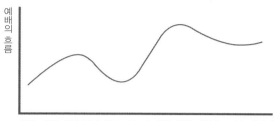

도입 찬양 깊은 기도 광고 설교 후 결단 찬양 축복송 파송 예배의 흐름

예수전도단 예배 모임[3]

예배 사역의 소개. 예수전도단(Youth With A Mission, Korea)은 예수 그리스도께 헌신된 모든 세대을 일으켜 온 열방에 복음을 효과적으로 전할 수 있도록 훈련시키며, 파송하는 것을 목적으로 하는 국제적이며 초교파적인 선교단체이다. 예수전도단은 한 평범한 젊은이 로렌 커닝햄이 자신을 하나님에게 헌신하기로 결정했을 때, 하나님은 그에게 큰 파도와 같은 물결이 전 세계의 대륙을 덮는 환상을 보여 주셨다. 그것을 통해 예수 그리스도를 믿는 수많은 젊은이가 일어나서 큰 파도와 같이 전 세계 각 나라로 복음을 들고 들어가게 될 것이라는 비전을 가지게 되었다. 하나님 으로부터 온 이 비전은 실제적으로 현실하여 1960년에 국제 예수전도단

---

3) 2013년 5월 7일, 14일 2회에 걸쳐 예배 현장을 탐방한 결과를 정리한 것이다. 예수전도단은 한 곳에서 정착을 잘하지 못하고 자주 예배 장소를 이동하는 경향이 많다. 그것은 예배 장소를 협조하는 교회와의 관계가 좋지 않을 경우, 바로 다른 예배 장소로 이동하는 모습을 보인다. 다른 곳에서는 예수전도단과 비슷한 예배 모임인 캠퍼스 워십이 진행된다. 이곳의 사역자들과 예수전도단 사역자들이 서로 교환하며 예배음악 사역을 협조하고 있었다.

(YWAM: Youth With A mission)이 창설되었다. 그 이후로 "너희는 온 천하에 다니며 만민에게 복음을 전파하라"(막 16:15)는 예수 그리스도의 지상명령을 수행하기 위해 세계 각처의 서로 다른 문화와 교파에서 수천 명의 사람이 참여하게 되었다. 오늘날 국제 YWAM은 전 세계 180개국에 1,000여 개의 지부를 두고 18,000여 명의 전임 사역자들이 함께 사역하는 단체로 발전하였으며, 다양한 배경을 가진 사람들이 오직 그리스도의 지상 명령 성취를 위해 자신의 삶을 드리는 세계 선교를 위한 공동체로 자리매김하고 있다. 국내에는 18개 지부로 2012년 1월 국내 1,000여 명, 국외 500여 명의 전임 사역자와 700여 명의 협력 간사들이 하나님의 부르심을 좇아 자신의 삶을 세계 선교에 헌신하고 있다.

예수전도단은 오직 세계 복음화를 위해 설립되었고 존재한다. 우리는 복음을 듣지 못한 사람들에게로 나아가 그들로 하여금 예수 그리스도를 주로 모시고 하나님에게 영광 돌리는 삶을 살게 하기 위해 우리 자신을 기꺼이 헌신하였다. 또 한국 교회의 그리스도인들이 세계 선교를 위해 자원하여 일어나도록 섬기는 일에 우리의 목적을 두며 이 일은 다음 세 가지 방법을 통해 접근하고 실현해 간다.

예배 찬양 사역은 "그를 알고 그를 알리자"(To know God and to make Him known)라는 전체 표어 아래 "예배를 통한 선교"라는 슬로건을 가지고 열방 중에 주를 경배하는 자들을 일으키고 선교사들과 중보기도자들을 일으키는 일을 하고 있다.

예배 찬양 사역의 역사는 한국 예수전도단이 1972년 설립된 이래 1977년 YMCA강당에서 첫 화요모임을 시작한 이후로 광화문 구세군회관, 신광교회, 여의도 순복음교회 제2성전 그리고 영락교회 베다니홀, 또다시 여의도 순복음교회 제2성전, 그 후에 서울시 영등포구 여의대방로에 위치한 대림교회에서 화요모임으로 모이고 있다. 예수전도단의 역사는 바로 찬양팀의 역사이며 찬양팀은 모든 예수전도단이 세워지는 곳에서 돕는 역할을 해왔다. 20여 년간 한국 땅에 예배의 부흥을 위해 섬겨 왔으며 새로운 찬양을 보급해 왔다.

예배 찬양 사역의 비전은 경배를 받으시기 합당한 하나님에게 모든 나라와 민족과 방언이 예배할 수 있도록 섬기는 것이다. 그러기 위하여 먼저 한국 안에 온전한 예배자를 일으키고 이를 통해 한국 교회를 부흥시키고 예배를 통해 많은 선교 헌신자들을 일으켜 온 열방을 복음화시키고 열방이 하나님에게 경배를 드리게 하는 것이다. 이러한 사역의 비전은 다음세대 청년들에게 큰 도전을 주고 있다.

화요모임 소개. 예수전도단 화요모임은 예수전도단의 시작과 그 명맥을 같이 한다. 한국 선교사로 미국에서 파송된 오대원 선교사(David E. Ross) 목사는 1973년 초교파 기독 청년들의 모임인 예수전도단을 설립하고 매주 화요일마다 연희동 자택에서 찬양과 기도, 말씀이 있는 공개집회를 연다. 화요모임으로 명명한 이 집회의 중요한 목적은 한반도의 젊은이들을 일으키고 훈련시켜서 선교 동원가 및 선교사로 세우는 것이었다. 처음 이 모임은 10여 명 정도로 시작되었으나 해가 갈수록 부흥하여 현재 예수전도단의 지부가 있는 국내 10개 도시와 선교사들이 파송된 해외 여러 지역에서 새벽 이슬같은 수많은 젊은이가 모이고 있다.

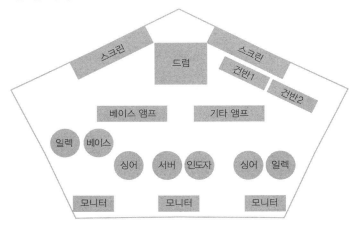

〈2013년 5월 14일 방문한 예배 무대 구조와 배치[4]〉

예배 사역 구조. 5월 7일에는 대림교회에서 부흥회 기간이어서 이날만 신길성결교회에서 드렸다. 원래 드리는 곳과 하루만 드리는 곳에서의 차이가 얼마나 있을까 해서 5월 14일 대림교회를 다시 방문했으며, 위의 무대 구도는 14일 대림교회 것이다. 그런데 7일에 드렸던 신길성결교회에서의 모습과 변함이 없었다. 모든 악기와 연주자, 조명들은 모두 예수전도단의 것들이었고, 교회의 부품은 거의 사용하지 않는다고 했다. 그림에서 보이는 배치와 같이 양쪽 벽에 스크린이 두 개 붙어 있고, 스크린 사이에 드럼이 있다. 드럼 앞쪽으로 베이스와 기타 엠프가 양쪽에 있고, 베이스 엠프 앞쪽으로 일렉기타와 베이스기타가 진열되어 있다. 싱어는 찬양 인도자 포함 4명이었다. 찬양 인도자를 돕는 서버와 찬양 인도자가 가운데 서고 그리고 그 양옆에 자매 싱어 두 명이 있다. 서버는 보통 그날

---

4) 2012년 8월부터 예수전도단 화요모임은 서울 대림동에 위치한 대림감리교회에서 진행되고 있다. 장소 협조와 악기 사용, 전기, 음향 등 모든 시설을 할 수 있도록 교회 측에서 후원하고 있다.

콘티의 곡 중 한두 곡 정도를 홀로 부른다고 한다. 그런데 5월 7일은 찬양 인도자가 모두 찬양을 리드했다. 다른 예배 단체와 사역의 구조와 배치는 특별한 것이 없었고, 흔히 대형 교회에서 볼 수 있는 구조와 악기 배치를 하고 있었다.

〈예배 구성과 예배 전체의 흐름 분석 – 5월 7일자 예배 / 설교: 김규석 목사〉

– 예배 콘티 –

〈7시 예배 시작〉

- 기도(예배 인도자 : 예배를 위한 중보) ·· 〈예배 초청〉
- 찬양(찬양 인도자 인도)
- 영원한 생명의 주님 G
- 내 주 되신 주 G
- 주 이름 찬양 B
- 나 기뻐하리 G
- 나는 자유해 E
- 내 주는 구원의 주 A
- 기도(찬양 인도자 : 예배를 위해 기도) BGM 하나님은 우리의 피난처가 되시며 A
- 하나님은 우리의 피난처가 되시며
- 기도(찬양 인도자 마무리 기도) ·· 〈찬양 마무리〉
- 서로 간에 축복(축복송)
- 말씀–〈/〉 본문 : 시편
- 말씀을 가지고 기도(설교자) ·· 〈결단의 기도〉
- 마음이 상한 자를 F ··· 〈결단의 찬양〉
- 나의 찬양 멈출 수 없네 Ab ··· 〈헌금 찬양〉
- 광고–(예배 인도자)
- 기도(예배 인도자 : 삶 속에서의 승리를 위한 기도) ·························· 〈예배 마침 9시〉

예배는 7시에 시작해서 9시에 끝났고 예배 진행은 두 시간 동안이었다. 예배 인도자가 나와 그날 예배를 위해 기도 제목을 나눈 뒤 찬양 인도자의 찬양이 바로 들어갔다. 찬양 후에 예배 인도자가 다시 나와서 화요 모임에 처음 온 사람들을 축복하며 축복송을 부른다. 그리고 강사 목사님 소개 후에 강사 목사님이 나오셔서 말씀을 전한다. 말씀 후에는 찬양 인도자가 나와서 찬양을 부르고 목사님이 기도 제목을 내시고 기도하며 찬양하는 시간이 있었다. 그리고 헌금송을 부르며 헌금하고 마지막으로 광고를 마친 후에 예배가 끝이 난다.

예배음악 사역의 흐름

예배 곡별 분석을 통해 예배음악 사역의 흐름을 설명하고자 한다.

〈영원한 생명의 주님〉이라는 찬양은 기도 후 첫 찬양으로 예배 초청의 단계이다. 예배를 열어 가며 예배 가운데 임재하신 하나님을 느끼며, 한결같이 날 보시는 주님에게 이제 내가 나아간다는 고백을 담고 있다. 구절과 후렴 부분을 계속적으로 반복하며 고백은 더 깊어지고 청중은 예배로의 더 깊은 부르심과 초청을 경험하게 된다.

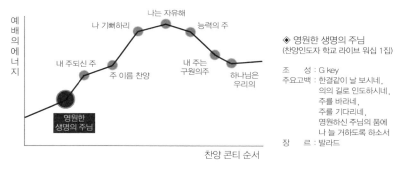

〈내 주 되신 주〉라는 곡 또한 예배 초청의 단계이다. 그러나 앞서 찬양했던 영원한 생명의 주님은 그 대상이 하나님이었고, 반면에 〈내 주 되신 주〉는 그 대상이 '나 자신'이다. 내가 하나님에게로 더욱 나아감을 고백하며 하나님의 임재를 내가 마치 구약의 많은 선지자와 같이 이제 '주여 말씀 하옵소서. 종이 듣겠나이다.'라는 고백을 담고 있다. 두 번째 찬양으로 전개하기에는 다소 흐름이 처지는 경향이 있었지만, 찬송의 가사를 선포

하며 리드하는 인도 방식은 회중으로 하여금 하나님을 바라보는 마음과
중심이 집중되도록 하였다.

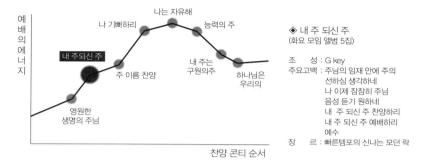

〈주 이름 찬양〉은 예배 초청이 침체되었던 예배 분위기를 전환해 주는
역할을 했다. 또한 예배 초청 가운데 내가 경험한 하나님의 놀라우신 임
재를 고백하게 한다. 예배의 자리에 서 있는 청중이 어떠한 즐거움과 어
려움이 있을지라도 하나님을 찬양하겠다는 결단을 하게 하며, 나의 삶 속
에서의 모든 것이 하나님의 축복임을 고백하게 한다. 예배음악의 흐름을
빠르게 전개했으며 활동적인 움직임을 갖게 인도했다. 이러한 흐름은 예
배 회중으로 하여금 예배의 기쁨과 감격을 경험하게 하는 기억과 체험을
만들게 한다.

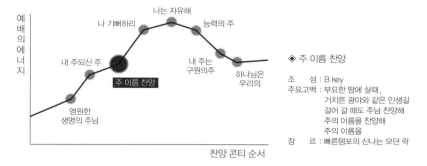

〈나 기뻐하리〉는 〈주 이름 찬양〉의 곡 리듬을 동일하게 전환하여 예배

분위기를 빠른 템포의 모던 록으로 더욱 고조된 분위기로 연출하고 있었다. 감사와 기쁨의 마음을 온 몸으로 찬양하는 시간을 갖게 되었다. 이때 중요한 부분은 예배 인도자와 연주자의 호흡이다. 예수전도단 예배음악 사역팀은 인도자의 손 표현과 악기의 움직임 표현으로 서로의 소통을 갖고 있음을 볼 수 있었다.

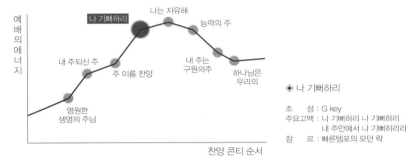

예배의 기능에서 회중의 움직임을 갖게 하는 것은 예배 표현과 반응에 참 중요한 의미를 갖는다. 그런 의미에서 〈나 기뻐하리〉 찬양은 예배의 회중을 하나님에게 기쁘게 표현할 수 있는 곡이었다.

〈나는 자유해〉라는 곡은 〈나 기뻐하리〉의 곡과 같은 맥락의 빠른 템포의 모던 록이다. 주님의 영이 계신 곳에 자유함이 있다는 성경말씀과 같이 예배 속에서 하나님의 영을 충만하게 경험한 예배자들이 하나님이 주시는 자유함을 표현하며, 큰 소리로 선포하게 하는 곡이었다. 또한 승리의 주님을 찬양하며 고백하게 하도록 최고조의 예배 분위기로 인도하는 모습이었다.

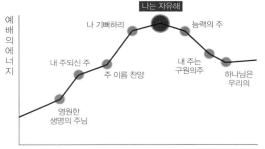

◈ 나는 자유해
(캠퍼스 워십 5집)

조　　성 : E key
주요고백 : 기뻐하며 자유를 선포해
　　　　　승리하신 주님께 외치세
　　　　　나는 자유해, 나는 기뻐해
장　　르 : 빠른템포의 모던 락

〈능력의 주〉라는 곡은 고백의 단계이다. 여태까지의 찬양들은 하나님의 영을 자유함 속에서 누리고 기뻐했다면, 〈능력의 주〉라는 곡은 하나님의 성품과 인식을 말하는 의미로 전달되고, 우리에게는 고백하는 단계로 몰입하게 했다. 대부분의 경배와 찬양 단계에서는 고백과 간구의 단계가 진행된다. 이 단계는 수직적인 하나님과의 소통을 위해 많은 예배자가 부르짖거나, 일어난다거나, 손뼉을 친다거나, 무릎을 굽혀 경배하는 표현을 하는 모습이 여러 사람들의 예배 모습 속에서 보여 지고 있다.

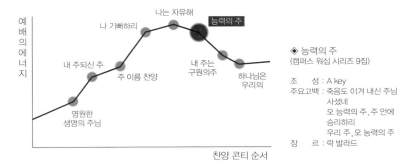

◈ 능력의 주
(캠퍼스 워십 시리즈 9집)

조　　성 : A key
주요고백 : 죽음도 이겨 내신 주님
　　　　　사셨네
　　　　　오 능력의 주, 주 안에
　　　　　승리하리
　　　　　우리 주, 오 능력의 주
장　　르 : 락 발라드

〈내 주는 구원의 주〉라는 곳은 후렴구만 고백하며 찬양을 인도했다. 예수님의 승리하심과 하나님의 놀라우신 구원의 역사하심을 찬양하며, 그로 인한 우리의 구원과 승리를 확신하게 하는 경험의 찬양이었다. 반복으로 찬양을 인도하면서 더욱 깊이 가사의 의미와 가치를 생각하고 기억할 수 있도록 음악의 역할을 진행하고 있었다. 음악에서 반복이라는 것은 중요한 것 같다. 반복적인 음악 멜로디와 화성을 진행할 때 가사가 담고 있는 전달력이 가슴으로 전달되는 것처럼 느껴졌으며, 이전에 찬양을 통해 하나님의 은혜를 경험한 것처럼 하나님의 은혜를 기억하고 찬양하는 내 모습을 발견하게 되었다. 이때 깨달은 것은 반복의 찬양 가사를 통해 하나님을 기억하고, 나에게 함께하셨던 은혜들 그리고 나의 삶을 주관하고 역사하심을 집중하며 찬양할 수 있게 했다.

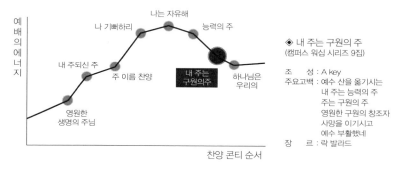

〈하나님은 우리의 피난처〉라는 곡은 기도 중에 B.G.M(Back Ground Music) 음악으로 진행되었고, 기도 후에는 예배 회중과 함께 찬양하며 후렴구에 '주가 하나님 됨 알지어다.', '열방과 세계 가운데 주가 높임을 얻으리라.'는 고백을 하게 한다. 물론 고백적인 내용도 있지만 원래 곡의 내용보다는 곡의 위치상 선포적인 내용으로 찬양하게 된다. 선포라는 의미는 예배음악 사역의 기능에서 설명되었던 것처럼 '선포의 기능'을 예수전도단 음악 사역에서도 활용하고 있음을 볼 수 있었다.

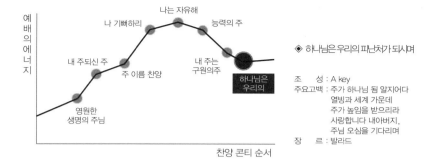

예배의 에너지

영원한 생명의 주님
내 주되신 주
주 이름 찬양
나 기뻐하리
나는 자유해
능력의 주
내 주는 구원의주
하나님은 우리의

찬양 콘티 순서

◈ 하나님은 우리의 피난처가 되시며

조　　성 : A key
주요고백 : 주가 하나님 됨 알지어다
　　　　　열방과 세계 가운데
　　　　　주가 높임을 받으리라
　　　　　사랑합니다 내아버지,
　　　　　주님 오심을 기다리며
장　　르 : 발라드

예배 후의 결단 찬양으로 전개하는 곳은 〈마음이 상한 자를〉이었다. 삶의 신앙 확신과 믿음의 결단을 나타내고 있었다. 예배의 전체 분위기는 한국적인 예배 환경과 다른 점이 없었다. 하지만 음악적 전문 흐름과 음악의 창조적 표현이 예수전도단만의 예배 분위기로 나타내고 있음을 볼수 있었다.

뉴제너레이션 예배 모임

예배 사역의 소개. 너무나 잘 알려진 천관웅 목사가 인도하는 예배 모임이다. 이 모임은 2012년 3월부터 신촌에 위치한 신촌성결교회에서 진행됐다. 목동 제자교회에서 디사이플스 예배를 직접 인도한 천관웅 목사는 개척한 이후 정기적 예배 모임을 하지 않았다. 하지만 예배 모임의 필요성, 사역의 재발견 그리고 신촌 지역의 다음세대 도시 청년들을 위한 정기적 예배 모임의 필요성을 인식하고 시작하게 되었다. 또한 교회 연합과 청년 신앙의 새로 다가오는 세대 운동(new generation movement)을 일으키려는 목적으로 진행하게 됐다.

예배 사역의 비전. "예배의 전사들"(worship warrior)이라는 표어를 갖고 있다. 새로운 도시 청년들이 새로운 세대가 되어 한국 교회의 새로운 예배를 회복하고 새로운 예배 운동의 비전을 가지고 모임을 갖는다. 도시 청년이라는 내용이 참 의미를 주고 있다. 대부분의 도시 청년들은 지금의 감각적인 문화에 노출되어 가정 관계, 학교생활의 친구 관계, 사회적 관계가 무너지고 있는데 "예배의 전사"라는 표어를 두고 새로운 예배 운동을 전개하는 비전은 우리에게 큰 도전을 주는 가치이다. 전도가 안 된다. 교회 부흥이 어렵다. 청년들, 청소년들의 예배 부흥이 어렵다는 인식이 너무나 팽배한 이 시대에 사는 세대들에게 경종을 울리는 모임이라고 말할 수 있겠다.

〈뉴제너레이션 예배 목적〉

"예배의 전사들" WORSHIP WARRIOR	새로운 세대(도시 청년) NEW GENERATION	"새로운 예배 운동" NEW WORSHIP MOVEMENT 한국 교회 예배의 회복

원데이 예배 멤버십(ONEDAY WORSHIP MEMBERSHIP)을 구성하여 하루 동안 직접 예배 콰이어에 참여할 수 있는 기회를 제공하여 예배를 경험할 수 있도록 진행하고 있다. 이러한 예배적 참여는 너무나 귀한 프로그램이라고 생각한다. 예배의 회중으로 참여하는 것보다는 예배의 상황에 직접 참여함으로써 역동적인 예배의 흐름과 인도 그리고 거룩함의 은혜가 다르다는 것을 알게 되는 계기라고 생각하기 때문에 이러한 예배 모임의 참여 프로그램은 새로운 변화를 일으키는 모임이 될 것으로 기대한다.

예배 사역의 구조. 특별한 구조는 없었다. 천관웅 목사와 총괄 디렉터 두 리더십으로 진행되고 있다. 천관웅 목사는 말씀과 찬양에만 전념하고, 총괄 디렉터의 역할은 사진, 자막팀, 영상 촬영팀, 음향 디자인팀, 안내와 중보기도팀으로 운영하고 있다.

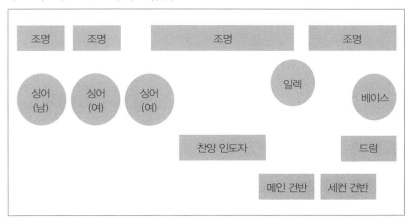

조명은 분위기를 조성하여 그림자를 통해 깊이감을 나타낸다. 또한 조명을 통해 예배 스타일과 무드를 만들어 낼 수 있는 도구로 긍정적으로 사용될 수 있다. 따라서 잘 사용될 경우 창조적이며 깊이감 있는 예배의 분위기를 만들 수 있다. 하지만 구성 요소일 뿐이지 악용되거나 현란한 색상감으로 예배의 진정성을 상실해서는 안 된다.

예배음악 사역의 흐름. 예배음악의 흐름을 볼 때 예배 인도자인 천관웅 목사의 말씀과 그 예배의 주제를 가지고 음악의 흐름과 구성을 갖고 있음을 볼 수 있다.[5] 이날 주제는 '예수'였으며 찬양 가사와 메시지에 연결되어 예배자들의 생각과 마음에 정확히 예수 그리스도의 마음을 전달하는 모습을 보여 주고 있었다. 사실 예배의 신학은 예수 그리스도 중심의 신학[6]이 예배의 신학이라고 예배학자 로버트 웨버는 말한다.

또한 음악적 흐름은 점점 상승하는 코드 전환을 가지고 있었다. 음악적 상승은 예배 분위기에 바로 영향을 주었고, 예배자들도 이러한 상승 변화에 교감하여 육체적 움직임까지 하고 있음을 볼 수 있었다. 춤을 추거나, 손뼉을 치거나, 뛰는 모습은 〈시편〉의 찬양 모습을 나타내고 있었다. 구약에서도 다윗은 하나님을 찬양할 때 춤추며, 손뼉을 치며, 궁정에서 모든

---

5) 2013년 5월 16일 목요모임을 다녀온 예배 현장의 모습이다. 약 400여 명의 예배자와 30여 명의 예배팀, 예배 성가대 40명이 참여하여 예배의 역동성을 보여 주고 있었다. 오후 6시부터 줄을 서고 있었고, 정확히 7시부터 영상과 예배 모임을 진행하고 있었다.
6) 로버트 E. 웨버, 김지찬 역, 《예배학》 (서울: 생명의 말씀사, 2003), 116.

악기를 가지고 경배하는 모습을 볼 수 있다.

예배 모임의 환경. 예배 모임에 참석한 자들의 모습을 보면 대부분 청소년과 청년 계층이 참석하고 있었다. 10대들이 45% 정도를 차지하고 있었고, 20~30대들의 청년들이 45% 정도 차지했다. 또한 40대 이상의 장년들도 예배 모임에 함께 참여하고 있었는데 10% 정도의 인원이었다. 이렇게 예배 모임에 참여하는 예배자들의 모습을 보면 개교회에서 가장 활발하게 사역을 해야 할 세대들이다. 이 세대들은 자신의 사역에 영향력이 있는 곳을 기꺼이 찾아가 예배의 영적인 만족을 충분히 경험하고자 하였다. 그러다 보니 예배의 분위기는 이미 기대하고 사모하는 자들의 환경으로 조성되어 전체적으로 무슨 찬양을 부르든 어떤 메시지를 전달하든 수용력이 상당히 높은 단계임을 볼 수 있었다. 이러한 모임이 한국 교회 기관 예배 모임에서도 동일하게 일어나야 한다고 생각한다. 특정한 예배 모임이라고 기대하며 사모하는 모습은 예배의 성숙이 성장하지 못함을 볼 수 있다. 좋은 환경만이 예배의 성공을 말하지 않을 것이다.

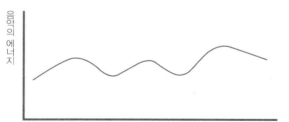

도입 기도 찬양과 경배 메시지 결단기도 축제의 찬양 파송 예배의 에너지

뉴제너레이션(New Generation Worship)[7] **예배 모임은** 아주 독특한 구조와 확고한 비전을 가진 예배팀이다. 한정적인 장소에서 끝나는

---

7) New Generation Worship은 이하부터는 N.G.W로 진행하겠다.

것이 아니라, 지교회를 세우며 섬기는 모습을 강하게 느낄 수 있는 공동체 모임이었다. 따라서 예배음악 중심의 사역이 아닌, 앨범 중심의 사역이 아닌, 말씀과 그리스도 중심의 예배임을 알 수 있었다. 그리고 마지막 종말론을 거론하여 곧 오실 예수 그리스도의 재림 신앙을 강조하고 있었다. 말씀을 통한 관계성과 연합성을 두드러지게 목적하여 모임을 인도하고 디자인하는 모습은 사역의 정체성을 분명하게 드러내고 있음을 증명했다. 예배에서 하나님을 기억하며 표현하는 것은 중요한 기능인데 뉴제너레이션의 예배 사역은 아주 강하게 표현했다. 젊은 세대가 많은 신촌이라는 특수 지역에서의 모임을 본다면 거룩함의 회복과 예배로 선포하고 있음이 매우 귀한 사역이라고 설명할 수 있다.

어노인팅 예배 모임

예배사역의 소개. 어노인팅 미니스트리의 뿌리는 1987년 임마누엘선교단에서 찾을 수 있다. 80년대 후반 우리나라에서 전국적으로 찬양과 경배 사역이 크게 일어날 당시 그 흐름의 한축을 담당했던 임마누엘은 앨범 제작과 집회를 중심으로 왕성하게 활동했던 팀이다. 특히 임마누엘의 가치는 국내 창작 예배곡이 전무했던 90년대 초, 국내 창작 예배곡으로 3집 〈내 입술로〉, 4집 〈내 영이〉, 7집 〈내 기뻐하는 자〉을 발표하여 국내 예배곡의 가능성을 보여 주었다. 1994년 팀을 리더 했던 정종원 목사가 목회의 길로 들어서면서 박철순 간사를 중심으로 사역해 왔던 임마누엘은 1997년 다드림선교단 및 몇몇 단체와 뜻을 같이하여 한 몸을 이루어 통합하게 되는데, 그 단체가 바로 "다리놓는사람들"이다. 다리놓는사람들에서 예배 사역팀으로 예배 학교와 집회 사역을 하던 중, 2001년 다리놓는사람들의 예배팀과 클레이 뮤직이 함께 마음을 모아 이 땅의 예배를 섬기기 위해 예배 실황으로 앨범을 제작하게 되는데, 이 앨범이 〈어노인팅(Anointing/ 기름부으심)〉이었다. 그동안 다리놓는사람들의 예배 사역팀으로 사역했던 어노인팅은 보다 전문적인 예배 사역을 감당하기 위해 2003년에 독립했고, 이때부터 어노인팅 미니스트리(Anointing Ministry)의 사역이 시작되었다.

예배 사역의 구조. 매주 목요일 신수동 성결교회(2013년 5월)에서 진행되는 예배 모임은 200여 명의 예배자과 스텝 그리고 예배 사역자들로 구성되어 예배하고 있다. 현장으로 찾아가 예배 사역자들의 위치와 구조를 살펴보니 아래와 같이 만들 수 있다. 모임을 가지고 있는 교회의 구조를 그대로 사용하다 보니 어노인팅의 예배 사역을 위한 배치와 구도로 하지 못하고 있었다. 신수동 성결교회의 예배 구조와 배치를 그대로 사용하고 있어 예배 사역의 디자인과 상상력을 발휘함에는 큰 영향력을 주지 못한다고 리더는 말하고 있다. 하지만 전통적인 교회의 모습을 가지고 있다 보니 찾아오는 예배자들이 자신들의 교회와 같아 친근감이 있어 예배의 집중도는 크다고 설명한다. 다른 곳의 예배 사역의 구조와 별반 다른 것은 없지만 예배음악의 대중성으로 예배의 회중과 예배팀과의 격을 많이 낮추어 사역함을 볼 수 있었다. 앞을 바라보게 되는 직렬식 장의자로 구성되어 있다 보니 예배를 인도하는 무대와 거리가 조금은 멀어 예배의 기운과 흐름에 함께 따라가기에는 예배자들의 집중도가 필요했다. 음향 구조는 천정에 설치된 스피커와 좌, 우측의 보조 스피커로 예배 전체 음향을 감당하고 있었다. 라이브 사운드와 음향으로 나오는 파장음이 겹치는 부분은 고르지 않아 울림의 현상이 일어나고 있었다. 가운데 대형 스크린은 무대 정면을 모두 다 차지하고 있어서 예배의 영상과 가사 자막이 잘 보이기는 하지만 예배로 집중하기에는 조금 방해되는 모습이었다. 하지만 예배 인도자의 예배음악의 인도와 연주자들의 음악성 호흡이 탁월하여 부족한 부분이 채워짐을 느꼈다.

〈어노인팅 무대 구조 배치도[8]〉

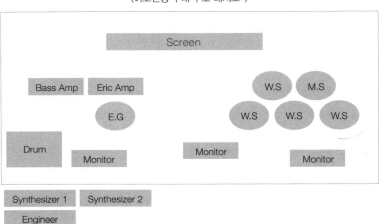

〈예배음악 흐름과 콘티 분석〉

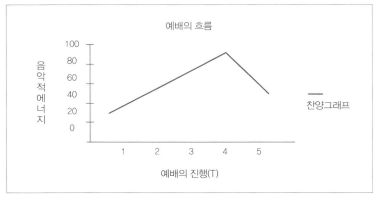

_____

8) 신수동 성결교회의 무대를 그대로 사용하고 있으며, 악기와 음향 기기, 영상 기기 등의 사용 허가를 받아 사용하다 보니 예배의 연출적인 부분은 떨어지나 예배의 흐름과 연주에는 문제 없는 구조를 갖고 있었다.

〈2013년 3월18일 예배 모임에서 진행된 콘티의 내용〉

– Pray for worship –

우리 보좌 앞에 모였네 A Key
하나님 어린양 독생자 예수 A Key
.... (Drum count, E · G intro)
예수보다 더 큰 사랑 G Key
주를 경배 G Key
.... (L.멘트) (Synthesizer intro)
내 진정 사모하는 E Key
주와 같이 길 가는 것(캠퍼스워십 6집) E Key
.... (L.멘트) (Synthesizer intro)
당신은 영광의 왕 G Key
.... 김재우 선교사 대표 기도
말씀 : 사용받음, 사랑받음 / 김재우 선교사
본문 : 빌립보서 1장 12~18절
....
전심으로 D Key
나의 맘 받으소서 D Key
예수 사랑하심은 D Key
....
그 사랑 감사해 G Key
나 주와 함께 걷기 원해요 G Key
큰 영광 중에 계신 주 G Key

　　예배 시작 전 기도를 통해 마음을 연다. 오늘 드려질 예배를 위해 또 우리의 찬양을 받으시기 합당한 주님에게 우리의 찬양이 진정한 찬양이 될 수 있도록 이 두 가지를 위해 기도하며 예배를 시작한다. 아래와 같이 현장에서 진행되는 내용을 음악적인 코드와 악기 배열, 음악의 순서를 나열하게 했다. 음악의 순서를 나열하는 것은 악기 연주와 싱어들에게 있어서 매우 중요한 소통의 기능이다.

A)예수보다 더 큰 사랑 그 누구도 줄 수 없네 우리에게 자유주신 그 큰 사랑 B)찬양하세 영원히 변치 않는 그 사랑 위대한 그 사랑 내 죄 씻었네 B´)세상 모든 능력과 권세보다 강하신 영원한 그 사랑 (A-B-B´ 구조)	A)주를 경배 주를 경배 경배하리라 경배하리라 A´)주를 경배 주를 경배 경배하리라 주님을 B)1.나의 힘이 되신 여호와여 내가 주를 사랑하나이다 B´)여호와는 내 반석이시요 나를 건지시는 하나님 B)2.나의 요새가 되시는 주님 주는 나의 하나님이시라 B´)나의 피할 바위가 되시며 나의 구원의 뿔이시로다 (A-A´ B-B´ 구조)
A)우리 보좌 앞에 모였네 함께 주를 찬양하며 하나님의 사랑 그 아들 주셨네 그의 피로 우린 구 원 받았네 A´)십자가에서 쏟으신 그 사랑 강같이 온 땅에 흘 러 각 나라와 족속 백성 방언에서 구원받고 주 경 배 드리세 B)구원하심이 보좌에 앉으신 우리 하나님과 어린 양께 있도다 B)구원하심이 보좌에 앉으신 우리 하나님과 어린 양께 있도다.	A)하나님 어린양 독생자 예수 날 위해 죽으신 주님 B)주 흘리신 그 보혈이 나의 죄를 정결케 하네 내 영을 고치시네 C)송축하리라 화목케 하신주 나의 모든 죄 깨끗케 하셨네 C´)송축 하리라 귀하신 어린양 모두 절하고 모두 외치리라
A)내 진정 사모하는 친구가 되시는 구주 예수님은 아름다워라 A´)산 밑에 백합화요 빛나는 새벽별 주님 형언할 길 아주 없다. B)내 맘이 아플 적에 큰 위로되시며 나 외로울 때 좋은 친구라 A´)주는 저산 밑의 백합화 나는 새벽별 이 땅 위 에 비길 것이 없다. (A-A´-B-A´ 구조)	A)주와 같이 길 가는 것 즐거운 일 아닌가 우리 주 님 걸어가신 발자취를 밟겠네 B)날마다 주님 따라 가리 한 걸음 또 한 걸음씩 주 님 나와 영원히 함께하시니 기쁨으로 걸어가리 C)한 걸음 한 걸음 주 예수와 함께 날마다 날마다 우리는 걷겠네 [9] (A-B-C구조)
A)당신은 영광의 왕 당신은 평강의 왕 당신은 하늘과 땅의 주 당신은 정의의 아들 B)천사가 무릎 꿇고 예배하고 찬송하네 영원한 생명 말씀 당신은 예수 그리스도 주 C)호산나 다윗의 자손께 호산나 불러 왕 중의 왕 높은 하늘엔 영광을 예수 메시아네 (A-B-C구조)	

- 찬양 시간: 30분 7곡 중 4곡은 빠른 찬양, 나머지 느린 찬양 선곡

- 메시지: 우리를 향한 예수님의 사랑, 죽기까지 우리를 사랑하신 그

---

9) 세밀하게 관찰해 보면 (A-A´-B-C-D-D´)의 구조를 지녔으나 중구난방해질 것을 염려해 크게 나눴다.

사랑. 구세주가 되시며 또 나의 친구가 되셔서 '저가 내 안에 내가 저 안에……'의 말씀처럼 우리도 주와 함께 날마다 동행하는 삶. 그 삶 가운데 당신은 나의 하나님, 나의 구세주, 영광과 존귀를 받으시기 합당하심을 드러낸다.

• 음악적 분석: 기도송으로 시작된 두 곡의 A코드. 찬양&기도가 끝나면서 같이 음악도 끝나는 것이 아니라 드럼의 카운터로 음악은 연결해 간다. A코드에서 G코드로 바뀌는 것이기에 음색적으로 큰 문제가 되지 않는다. 〈예수보다 더 큰 사랑〉에서는 노래 중간 부분 '세상의 헛된 부귀영화 …… 나의 맘에 남으리.' 8마디를 빼버렸다. 하지만 A파트의 끝 음인 솔과 B파트 시작 음이 같으므로 곡이 자연스럽게 이어졌다. 또한 음악이 더욱 간결해져 귀에 익히기에도 더 편리해졌다. 〈주를 경배(Anointing 10)〉의 곡 또한 A. A´. B. B´ 구조를 지님으로 회중이 새로운 곡에 대한 거부감보다 금방 익히고 같이 찬양할 수 있는 구조이다. 또한 이전의 곡과 자연스럽게 이어가기 위해 〈주를 경배〉의 후렴구로 들어가 곡이 시작된다. 두 곡을 통해 찬양의 분위기가 고조된다.

G코드의 찬양이 끝나고 E코드의 찬양으로 넘어가기 위해 리더가 개입하며 질문을 던진다. "여러분 행복하십니까?" 이 질문의 의도는 바로 "예수 그리스도가 나를 구원하시고 나의 인도자가 되시기 때문에 예수님만으로 우리는 행복하다는 것을 의미했다." 신디사이저의 인트로를 통해 찬송가 두 곡이 진행됐다. 여기서 재미있는 것은 두 찬양을 연결해 주기 위해 'Bridge'를 넣어 두 찬양의 후렴구를 연결시켜 주었다. 그러므로 〈주와 같이 길 가는 것〉의 시작은 바로 '날마다 주님 따라 가리……'"이 부분으로 시작해 후렴 부분으로 이어지며 전반부 구절로 시작되는 재미있는

구조를 보여 준 찬양이다.

마지막 기도송을 위한 리더의 개입이 또 이뤄졌다. G코드의 찬양 〈당신은 영광의 왕〉이 찬양 가사의 의미를 전달할 수 있도록 "지금 당신은 예수 그리스도께서 나귀를 타고 오시는데 꽃을 던지며 기쁨으로 맞이하고 있는 자리에 있는가? 아니면 저 멀리서 어떻게 하면 예수를 공격하며 죽일 생각을 하는가?"라는 질문을 던진다. 그리고 찬양을 시작한다. 건반의 스트링과 보이스로만 찬양이 진행된다. 그리고 찬양이 끝나면 기도 제목을 나누지 않고 오늘의 찬양들을 통해 감동받은 것들을 기도할 수 있도록 했다. 같이 나누는 기도에 국한되지 않고 내가 느낀 하나님을 기도할 수 있도록 한 것이다.

• **말씀 후 찬양**[10]

A)주님 손에 맡겨드리리 나의 삶 주님께 A′)주님 손이 나의 삶 붙드네 나 주의 것 영원히 B)내가 믿는 분 예수 내가 속한 분 예수 C)삶의 이유 되시네 내 노래 되시네 전심으로 (A-A′-B-C구조)	A)나의 맘 받으소서 오셔서 주님의 처소 삼으소서 나의 전부이신 주여 내 맘을 받아주소서 B)오 나의 맘을 주님께 열었으니 주여 내게 오셔서 내 맘에 거하여 주옵소서 주가 기뻐하는 주의 성전되게 하소서 (A-B-A구조)[10]	A)내가 연약할수록 더욱 귀히 여기사 A′)높은 보좌 위에서 낮은 나를 보시네 B)날 사랑하심 날 사랑하심 B′)날 사랑하심 성경에 써 있네 (A-A′-B-B′구조)

말씀 후 세 곡의 찬양은 내 삶의 이유가 되시고, 내 자체만을 위해 십자가에 달리신 그분, 그분이 나와 함께하심 이 세 주제를 놓고 곡 중간 중간 기도하며 자연스럽게 이어갔다. 같은 템포로 세 곡이 이어졌으며 건반이

---

10) 특이한 곡의 구조를 지녔다. A-A′-B-C-D-A로 정할 경우 곡의 구조가 중구난방해지며 세뇨가 있기에 A-B-A로 보는 것이 심플하면서도 잘 표현한 것으로 생각된다.

주가 되어 곡을 진행했다. 헌금과 끝맺음의 음악 흐름은 아래와 같이 진행되었다.

A)사랑 넘치게 주시는 사랑 날 자녀 삼아주신 그 사랑 귀하다 하셨네 A′)그 사랑 세상이 본 적 없네 주가 우리 죄 위하여 십자가 달리사 죽기까지 사랑하셨네 B)주님 그 사랑 감사해 날 위해 십자가 달리신 주의 그 사랑 영원히 나 찬양 드리네 B′)주님 택하심 감사해 날 자녀 삼으 신 주님 오 예수님 찬양하리 영원토록 (A-A′-B-B′ 구조)	A)나의 사랑이 더욱 커져 가네 주를 향한 내 사랑 더욱 깊어져만 가네 A′)나의 사랑이 더욱 커져가 네 주를 향한 내사랑 더욱 깊 어져만 가네 (A-A′ 구조)	A)큰 영광 중에 계신 주 나 찬 송합니다 B)영원히 계신 주 이름 나 찬 송합니다 (A-B구조)

• 헌금 찬양으로 〈그 사랑 감사해〉[11]와 '나의 사랑'이 코러스(Chorus) 부분을 불렀다. 그리고 예배의 엔딩을 맺기 위해 '나의 사랑'이 후렴구(Chorus) 부분을 느리게 또다시 부르고 찬송가를 통해 예배를 맺게 된다. 이 세 곡에서는 십자가에 달려 돌아가신 주님의 사랑을 찬양하고, 주님을 향한 그 사랑이 더욱 깊어지고, 항상 영광의 주님을 찬양하며 세상으로 나아감을 나타낸다.

(1. 시작 후 찬양과 기도 / 2. 빠른 템포의 찬양 / 3. 말씀 선포 전 찬양 / 4. 말씀 후 기도와 찬양 / 5. 헌금과 엔딩)

예배 사역 목표와 비전. 어노인팅 예배팀의 특징은 세션들의 현란한 기술, 화려한 조명이 아닌 메시지에 집중한다. 또한 지금 청년들은 새로운 것을 원하지만 어노인팅 예배 모임에서는 앞에서 언급한 것들은 다 배제한다. 현란한 기술과 화려한 조명은 예배당이 아닌 콘서트에 온 것 같

---

11) Song by. Tommy walker/ 어노인팅 10집 앨범에 〈그 사랑 감사해〉로 번역되었다.

은 느낌을 주어 하나님이 드러나는 것이 아닌 앞에 선 사람들이 주목받기에 자제한다. 또한 집회 때의 찬양 선곡은 회중도 공유할 수 있어야 하기에 새로 나오거나 들었을 때 '신선한데?'라는 느낌의 곡 또한 자제한다. 같이 예배드리는 회중에서 구경꾼으로 전락되기 쉽기 때문이다. 대형 스크린을 통해서는 찬양의 가사만 띄워 준다. 최대한 앞에 선 사람들의 모습을 비추지 않으려 노력한다. "우리는 예배를 예배하지 않는다. 우리는 하나님을 예배한다." 어노인팅 예배 모임의 슬로건이라 불리는 이 문장이 앞에서 언급한 맥락에서 보면 이해가 될 것이다.

"예배를 통한 이 땅의 부흥을 꿈꾸며" 지금 어노인팅 전문팀에서는 전국 투어 중이다. 같이 하나님을 예배하고 싶으나 거리가 멀어 올라오지 못하는 지역들을 매주 토요일 섬기러 가고 있다. 강원도, 대전, 부산 등을 거쳐 서울로 돌아오는 이 전국 투어는 예배를 통해 이 땅의 부흥을 일으키기 위한 비전 중 하나로 볼 수 있다. 현대 문화에서 중요하게 생각하는 '시각적 효과'보다 하나님이 기름 부으실 것(Anointing)을 기대하며 우리는 하나님의 매개 역할을 하며 순종의 의미를 전달하고 있다.

디사이플스 예배 모임

디사이플스 예배 소개. 디사이플스(Disciples)는 1999년 리더인 천관웅 전도사의 예배 인도로 목동에 위치한 제자교회에서 900여 명이 참석한 가운데 첫 기획 예배로부터 시작되었다. 주로 청소년 대상을 주축으로 모던한 음악 스타일로 지역 교회에서 경험하지 못한 매우 현대식 음악 스타일을 추구하고 있으며, 자유분방한 예배자의 참여와 반응으로 큰 호응과 관심을 끌게 하였다. 2000년도에 접어들면서 기존의 음악 선교단체들보다 더욱 영향력 있게 사역했는데 캠프, 대학가, 교회, 야외공연, 해외공연 등 점점 인지도가 높아지면서 전국적으로 청소년, 청년층에게는 가장 인기 있는 모임이며 단체가 되었다.

"하나님을 향한 순수한 열정 하나로 예배하며 달려 온 디사이플스는 모던 워십, 워십 콘서트라는 장르를 개척하여 대한민국 예배 문화에 새로운 지평을 열었다. 디사이플스는 모든 스타일과 의식을 뛰어넘어 영과 진리로 하나님을 예배하고 깊이 있는 예배를 지향하며 혼탁한 세대 가운데 순수하고 정결한 예배를 세워 가는데 앞장 설 것이다."[12]

팀 앨범 3개, 개인 솔로 음반 1개, 팀 라이브 콘서트 3번 등 화려하고 모던한 워십 음악을 추구한 전문 음악 사역 단체로 각인된 팀이라고 말할 수 있다. 현재는 제자교회 제2성전에서 매주 목요일마다 300여 명의 예배자와 함께 예배를 드리고 있다.

디사이플스의 예배 사역 구성. 1999년부터 2008년까지는 제자교회 본당에서 매주 목요일마다 이루어졌고 매주 900명 이상의 지역 청소년들이 적극적인 참여와 호응으로 모임이 진행되었다. 이 기간 동안에 구성은 인도자 외에 행정 스텝이 6명(유급 간사), 연주자 6명(유급), 메인 싱어 4명(유급), 콰이어 30명 등으로 구성되고, 디사이플스는 제자교회의 후원를 받아 경제적 힘을 얻어 단체를 이끌고 있었다.

제자교회 본당의 무대 디자인이 역시 계절별로 바뀌었고, 음향과 조명, 미디어 도입 또한 전문적인 시스템으로 사용되고 있다. 지금은 예배 인도자가 바뀌어 정신호 전도사가 인도한다. 예배 장소도 제자교회 본당이 아닌 제2성전에서 이루어지고 있으며 매주 1시간 40분 정도의 예배로 진행

---

12) 디사이플스 홈페이지 소개란. www.thedisciples.org/intro/intro1.phd

되고 있다.

디사이플스의 예배 흐름. 천관웅 목사가 인도할 때의 예배음악 분석은 2시간의 진행 시간으로 1단계 찬양 40분 – 말씀 40분 – 2단계 찬양 40분으로 진행되었다. 찬양을 구성하고 있는 곡의 콘텐츠는 해외의 모던 워십곡을 직접 번역하거나 번역된 곡을 사용하였다. 이때 당시 모던 워십의 곡 이해가 부족한 시기이기에 주도적인 번역 활동을 디사이플스의 리더인 천관웅 목사가 번역하여 사용하였다. 음악의 새로운 형식과 흐름도 신선하게 젊은 예배자들에게 큰 영향을 주게 된다. 화려한 조명, 풍성한 음향 소리, 매주마다 인터넷 홈페이지에 실황 예배를 올려 놓아 전국의 예배팀에게 활용할 수 있는 계기도 마련했다.

1단계의 예배음악 형태는 록, 펑키, 모던 스타일의 음악이 주를 이루어졌고, 2단계의 음악 스타일은 깊고 묵상이 이루어지는 곡으로 발라드, 16bit의 모던 발라드 스타일 등이 사용되었다. 이 단계별 형태는 변함 없이 꾸준히 이어왔다. 2009년부터 리더가 정신호 전도사로 바뀌고 나서는 음악 스타일이 이전 형태의 예배음악이 아닌 현 음악 선교단체들이 사용하는 예배음악 형태로 바뀌었다. 그리고 창작되거나 번역하여 사용된 곡들의 사용이 어려워짐으로써 디사이플스의 예배음악은 큰 변화를 추구하지 못하고 있다.

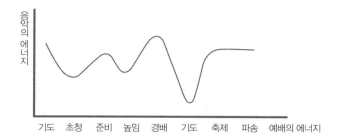

위의 그래프를 보듯이 아주 역동적인 형태의 모습이다. 처음부터 빠른 형태의 음악으로 전개하면서 높임과 경배 단계까지도 음악적 고도가 높음을 볼 수 있다. 그리고 특이한 사항은 아주 깊은 음악의 흐름도 사용하고 있음을 알 수 있는데, 디사이플스의 예배음악 형태는 다방면의 음악적 장르를 사용함으로써 높고 낮음의 굴곡 형태가 매우 역동적으로 표현되고 있다.

처음의 시작이 매우 높은 빠른 형태로 시작하고 높임과 경배의 단계에도 음악 사운드가 상당히 고조된 상태에서 예배의 흐름이 이어짐을 볼 수 있다. 하지만 기도하는 시간은 깊은 묵상의 흐름으로 진행되는 형태를 가졌다. 마지막 흐름은 역시 매우 역동적인 음악의 흐름으로 예배를 인도하고 있음을 볼 수 있다. 디사이플스의 음악적인 에너지는 다음세대인 청소년 예배에 큰 영향을 줄 만한 예배 분위기를 가지고 있다. 이러한 예배 분위기는 콘서트적인 형식으로 전개하며 전문 음향 기술과 조명 기술 그리고 영상과 영상 디자인의 기술이 함께하지 않으면 이런 예배 분위기를 조성할 수가 없다.

그러므로 도시 교회 중에서도 특수 장비를 갖춘 교회에서는 충분히 예배 분위기를 디자인할 수 있다고 생각한다. 디사이플스만의 예배 분위기는 높고 낮음의 형태가 불규칙하게 전개되고 있기 때문에 장년층이나 청년층에게는 적용하기 힘든 예배 분위기가 연출되고 있다. 개교회가 예배의 연출을 갖는다면 디사이플스의 예배 연출은 예배 담당자나 예배 기획자의 전문적인 참여가 필요한 형태이다.

2. 5개의 정기적 사역단체의 특징

〈사역 목적, 대상, 음악적 장르나 연주 방법〉

	사역 목적	음악적 장르	연주 흐름(방법)	모임 대상
마커스 예배	이 땅의 회복과 부흥을 위해 문화적 도구를 통한 사역으로 섬기는 것이 목적.	모던 록. 드럼과 기타 위주의 음악을 전대함.	점점 상승하다가 마지막 부분에서 기도로 마무리한 에너지를 보여 준다	주로 30대 직장인들과 청년세대들이었다.(방학 때는 청소년들이 더 많은 모습을 보여 준다.)
예수전도단 화요모임	"그를 알고 그를 알리자"(To know God and to make Him known)라는 전체 표어 아래 "예배를 통한 선교"라는 슬로건을 가지고 열방 중에 주를 경배하는 자들을 일으키고 선교사들과 중보기도자들을 일으키는 일이 목적	모던 록과 모던 컨트리의 장르를 사용하고 있다. 드럼과 기타 사운드가 강한 힐송 음악의 장르를 주로 사용하고 있다.	처음부터 밝은 흐름으로 전개하여 설교 후의 흐름은 차분하게 마무리하는 흐름을 가지고 있다.	학기 내에는 스텝들의 예배로 진행되고, 방학 기간에는 청소년, 청년층들이 모임 대상이 된다.

뉴제너레이션	"예배의 전사들" (worship warrior)이라는 표어를 갖고 있다. 새로운 도시 청년들이 새로운 세대가 되어 한국 교회의 새로운 예배를 회복하고 새로운 예배 운동이 목적	강한 모던 록과 소프트 록으로 사용하고 있다. 여러 장르를 다양하게 연주하고 있어서 특별히 음악적 장르를 말할 수 없을 것 같다. 음악적 수준은 전문성이 강하기 때문에 음악적 장르보다는 예배적 흐름에 맞는 장르로 진행하고 있다.	어느 때는 느리게 시작하여 상승의 흐름으로 진행되고, 어느 때는 빠른 패턴의 흐름으로 진행하다가 느리게 흐름을 인도한다. 또한 여러 모양의 흐름을 주도하고 있어 전형적인 인도자형 예배 리더십을 볼 수 있다.	청소년층이 가장 많고 대비적으로 청년층도 많은 구성을 가지고 있다. 뿐만 아니라 40대 장년층의 예배자들도 있다는 사실이다. 이러한 대상의 폭이 확장된 상태이다.
어노인팅	"우리는 예배를 예배하지 않는다. 우리는 하나님을 예배한다." "예배를 통한 이 땅의 부흥을 꿈꾸며" 현대 문화에서 중요하게 생각하는 '시각적 효과'보다 하나님이 기름 부으실 것 (Anointing)을 기대하며 우리는 하나님의 매개 역할을 하며 순종의 의미를 전달하는 목적.	소프트 록이 대부분의 음악적 장르로 보여 주고 있다. 대중적인 흐름인 발라드의 음악 흐름을 가지고 있다.	모임이 시작되기 전 예배를 위한 기도로 시작하는 것은 음악적 흐름은 낮춰지지만 예배의 에너지는 상승하는 흐름이다. 찬양이 시작한 후부터는 점점 상승적 흐름으로 전개된다.	주로 스텝들이 대상이다. 스텝들은 20대, 30대들이 주를 이루고 있다. 예배 모임의 인원이 많이 적은 편이다. 하지만 개교회에서 볼 수 있는 상황과 비슷하여 예배의 괴리감이 없는 편이다.
디사이플스	"하나님을 향한 순수한 열정 하나로 예배하며 달려 온 디사이플스는 모던 워십. 디사이플스는 모든 스타일과 의식을 뛰어넘어 영과 진리로 하나님을 예배하고 깊이 있는 예배를 지향하며 혼탁한 세대 가운데 순수하고 정결한 예배를 세워가는 데에 목적.	워십 콘서트라는 장르를 개척하여 대한민국 예배 문화에 새로운 지평을 열었다. 모던 록, 소프트 록의 선구자 역할을 했던 단체이다.	아주 역동적인 예배의 흐름으로 전개하는 것이 특징이며, 천관웅 목사에서 정신호 전도사로 바뀌면서 하드 록의 음악 전개가 인상적이다. 강한 사운드는 예배의 흐름을 오히려 방해하는 역할을 가져 올 수 있음을 볼 수 있다.	대부분의 대상은 교복 입은 청소년층이다. 간혹 청소년들의 부모 세대가 있지만 거의 90%가 청소년층으로 구성되고 있다.

3. 예배 사역의 신 모델 사역단체 소개

브라운 워십(Brown Worship)[13] 소개

브라운 워십 소개. 2008년부터 기지촌 여성들과 이주민 여성들을 돕고, 작은 지역 교회들을 도와 가는 일에 집중하여 그 사역을 시작하였다. 이름에서 알 수 있듯이 한국의 동양인 피부, 브라운 빛의 사람들이 가진 문제들을 함께 품고자 하였다. 더불어 작은 교회 공동체들과 함께 이 땅의 소망됨을 노래하는 예배 공동체로서 브라운 워십은 "공감의 책임"을 따라 나그네 된 모습으로 찾아가고 이끌리어, 이 땅의 예수님아 l 노래할 수 있는 예배를 펼쳐가고 있다.

브라운 워십의 비전. 브라운 워십은 팀의 이름에서 비전을 찾을 수 있다. 이 땅에 소외 받는 사람들, 작은 교회에서 자신을 비하하거나 하찮게 여기는 그들에게 "여러분이 이 땅의 소망"이라며 외치고 다니는 팀이다. 사람들 사이에서 겪는 갈등, 소외, 아픔, 이 모든 것을 예배라는 요소 안에 끌어와 예배를 드리길 원한다. 마치 예수님이 나사로의 무덤 앞에서 흘리던 눈물처럼, 이 땅의 모든 사람과 함께 웃고 울어 주기를 희망하며 예배의 흐름을 전개하고 있다.

브라운 워십의 특징. 브라운 워십은 앞에서 말했다시피 유랑하는 찬양 팀이다. 그래서 언제나 다른 장소에서 예배를 드리고 집회를 인도하기

---

13) 2013년 5월 14일 성남에 위치한 둔전교회에서 2달에 한 번씩 장소가 변경이 되어 화요일에 예배 모임을 갖는 예배 단체이다. 잘 알려지지 않은 모임이지만 예배음악과 예배의 진정성을 나타내는 팀이다. 이 팀의 리더와 예배 인도자가 조화롭게 모임을 이끌고 있었으며, 특징이 pops & orchestra 음악적 에너지를 사용하고 있다.

때문에 예배당 구조나 무대 배치는 매번 가는 장소에 따라 달라진다. 또한 브라운 워십의 자체 음량 기계라든지 조명이나 미디어 기계는 전혀 사용하지 않고, 항상 섬기는 교회의 기존에 설치된 악기와 기계들만을 최대한 사용한다. 어쩌면 미디어 장비 와 최고의 성능의 악기들로 세팅 되어 있지 못해 열악한 환경에서 예배를 드린다고 말할 수 있다. 최고의 장비와 기계로 인해서 예배를 더욱 화려하게 드릴 수 있다.

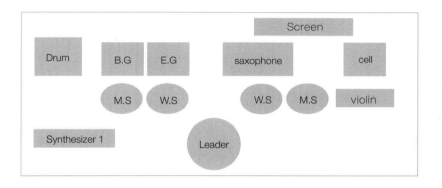

브라운 워십의 구조. 기존의 장비로만 사용하는 이유에는 유랑한 기존의 교회 성도들에게 자신들의 환경에서도 최고의 예배를 드릴 수 있다는 용기를 심어 주기 위해서라고 한다. 덧붙여서 이성호 목사님은 "장비가 없어서 예배를 못 드리는 것이 아니라, 사람이 없어서 예배를 못 드린다." 라고 말씀하셨다.

회중을 중심으로 바라보며 중앙에는 4명의 보컬과 1명의 인도자가 있으며, 왼쪽에는 드럼과 건반 1,2가 있고 뒤쪽에는 베이스기타 2명과 오른쪽에는 오케스트라 바이올린 1명과 첼로 1명, 색소폰 1명으로 이루어져 있다. 오른쪽 윗편에는 스크린이 있고, 찬양 가사와 성경말씀 구절이 나온다.

브라운 워십의 역할. 이 모임은 현대 악기와 전통 악기가 조화를 가지고 조율하여 예배 모임을 인도하는 단체이다. 그러다 보니 예배음악의 창조성과 확장성을 가질 수 있는 장점을 가진 예배팀이다. 소규모의 인원이나 대규모의 인원이 있는 예배의 장소에서 다양하게 예배의 연주와 인도를 할 수 있는 장점이 예배의 에너지를 상승하는 역할을 하고 있다. 또 하나의 역할은 섬김의 의미를 가진 사역이다.

이들은 자신의 직업이 없이 유랑하는 형태이다 보니 오히려 더 구체적인 사역의 역할을 감당하는 모습을 가질 수 있다. 각자의 예배자 마음과 헌신도를 가지고 자원하여 봉사하고 섬김의 모습은 브라운 워십의 역할이라고 설명한다. 아무도 알아주지 않아도 오직 예수 그리스도의 예배를 회복하고, 가난하고 소외된 계층에게 예배의 감격과 충만함을 나누고자 그 역할을 감당함을 볼 수 있다. 많은 스텝은 없지만 각자의 위치와 기능적 상황에서 예배를 디자인하고 예배음악 사역을 하는 역할에 좋은 인상을 갖게 되었다.

예배를 시작하는 기도

(기도송 주님을 보게 하소서)

.... (기도 멘트)

주님을 보게 하소서 G Key~A key 코드 변형
선포하라 선하신 주 G Key

.... (L.기도 인도)

눈을 들어 주를 보라 G Key
선포하라 선하신 주 후렴 G Key
산과 시내와 G Key ~C Key 코드 변형
거리마다 기쁨으로 C Key ~ F
이 땅의 소망 F Key (Jazz style , Guitar solo)

.... (L.멘트) (Synthesizer intro)

우리가 지금은 D Key
주님 말씀하시면 D Key

.... (L.기도 인도)

보내소서 A Key (후렴 x5)

.... (L.기도 인도)

보내소서 A Key (마지막 소절x5)

.... (L.기도)

말씀 : 이승호 목사님
성경 : 마가복음 8장 22~25절 "무엇을 보아야 하는지 무엇을 희망해야 하는지"

....

똑바로 보고 싶어요 (여성 Solo)

.... (기도)

보내소서 A Key

.... (축도 :둔전교회 부목사님)

브라운 워십의 음악 흐름. 예배를 여는 기도 중 시작된 첫 찬양곡으로 마커스의 〈주님을 보게 하소서〉 G Key로 시작한다. 기도가 끝난 후 곧이어 찬양이 이어진 후 2번 반복하여 부른 후 A key로 바꾸면서 들어가는 처음 한마디만 rit.(점점 느리게)로 간절한 느낌을 주면서 모든 세션은 잠시 쉬고, 후렴 1회 지난 후 세션이 함께 들어온다. 끊어지지 않고 바로 이어서 〈선포하라〉 G key로 후렴구부터 들어온다. 〈주님을 보게 하소서〉에서 A Key로 조바꿈을 하였지만 〈선포하라〉에서 A Key-G Key로 한 키만 내려갔기 때문에 음색에는 큰 문제는 없었다. 우리가 이 땅을 바라보는 시선이 우리의 시선이 아닌 예수님과 같은 시선으로 바라보고 마음에 소망을 갖는 기도를 한 후 바로 이어서 〈눈을 들어 주를 보라〉 G key로 시작한다. 오케스트라 위주의 찬양곡으로서 바이올린과 첼로는 멜로디로 진행하였고, 건반은 애드리브와 반주 위주로 진행되었다. 동일한 G key로 시작되는 〈선포하라〉는 장엄한 분위기로 이어 나가게 되었다. 다시 나오게 되었기 때문에 그만큼 모든 세션이 같이 연주되어 더욱 강조하는 분위기를 조성해 갔다. 느린 곡에 찬양이 마친 후 빠른 곡으로 이어 나가기 위해 인도자는 멘트를 한 후 그 전곡과 같은 키인 G key로 〈산과 시내와〉의 간주가 나온다. 후렴을 3~4번 반복하여 부른 후 C key로 코드 변행을 하여 클라이맥스까지 이르게 한다. 고조된 분위기와 에너지를 그대로 가지고 다음 곡 〈거리마다 기쁨으로〉로 이어 나가게 된다. 〈거리마다 기쁨으로〉는 C key로 시작하여 F음, F코드로 끝나기 때문에 바로 이어지는 브라운 워십의 자작곡 〈이 땅의 소망〉 F Key 로 이어 들어가는데 음색적으로 문제가 되지 않았다. 재즈풍의 이색적이었던 〈이 땅의 소망〉은 많이 알려진 찬양곡은 아니지만 구조상 A-A`-B-B`-C 구조로 비교적 처음 접하는 회중도 쉽게 따라 부를 수 있는 찬양곡이였다. 또 셋잇단음표와 싱코페이션(syncopation)이 많은 곡으로 리듬감 있게 찬양할 수 있다. 〈이 땅의 소망〉이 끝난 후 리더가 바로 멘트를 하게 된다. "우리 모두가 이 땅의 소망이 되길 바라나요?" 그럼 회중은 "네"라고 대답을 하고 그럼 바로 신디사이저 인트로(Synthesizer intro)로 〈우리가 지금은 나그네 되어도〉라는 찬양이 이어진다.

이 찬양은 우리가 비록 나그네 되어도 천국에 머지 않아 갈 것이니 이 세상에서 예수님 말씀을 힘써 전하자는 메시지가 담긴 찬송가로서 약간의 편곡을 하여 조금 더 젊은 층의 눈높이에 맞춰진 재즈풍으로 편곡되었다. 말씀으로 들어가기 전 다시 up된 분위기를 조금씩 가라앉히기 위해 느린 곡의 찬양으로 이어가게 된다. 같은 D key로 시작되지만 앞에 부른 〈지금은 우리가 나그네 되어도〉와는 다른 분위기로 불러야 하기 때문에 색소폰의 솔로 간주의 고요한 분위기로 시작되어 곡의 마침까지도 색소폰이 메인 반주가 된다. 다음 곡 〈보내소서〉로 들어가기 전 기도한다. 〈보내소서〉의 가사 내용처럼 '우리가 어떠한 시련이 다가올 때에도 예수님의 눈물을 기억하도록' 기도한다. 기도하는 배경 찬양곡으로 〈보내소서〉를 바이올린으로 연주하고 기도가 마친 후 바로 A key로 찬양이 시작된다. 후렴구를 5번 반복 후 한 번 더 리더가 기도를 인도한다. 두 번째 기도도 앞과 같은 기도 주제로 "삶의 역경을 이겨낼 수 있도록" 기도한다. 마찬가지로 말씀 전에 마무리 찬양이기 때문에 오케스트라의 고요한 선율의 반주로만 이뤄지고 아주 느린 템포로 앞에서 불렀던 것보단 2배 정도 느리게 부른다. 마무리는 마지막 소절인 '나도 걸어가게 하소서'를 5번 정도 반복해서 부른 후 기도하고 찬양 순서를 모두 마친다.

브라운 워십의 사역의 목표. 브라운 워십이 추구하는 예배는 반 예루살렘 예배이다. 역으로 갈릴리 예배이다 사람 살리고 웃기고, 울리고, 그들의 애환 속에 같이 뛰어 들어가고 그 삶 전체가 예배가 될 수 있게 추구한다. 여기에는 좋은 것, 유명해지는 것, 많이 모이는 것, 잘하는 것이 중요한 파트가 아니다. 어떻게 하면 사람을 살릴 수 있고 사람들의 이야기들이 예배 안으로 들어올 수 있을까?이다. 반대로 많은 교회가 실수하고 있는 예루살렘 지향적인 예배들은 그렇지 않다. 사람들을 살리거나 애환을 담아내거나 우는 사람들을 달래 주는 것이 아니라 헌금, 건축, 어떤 행위로 인해서 복을 받았다. 이런 것들이 담겨 있다. 브라운 워십은 이런 것으로 탈피하고 싶은 팀이다. 그래서 유랑을 하는 것이다. 그래서 일부로 작은 곳으로 찾아가는 것이고 가지 않는 곳으로 가는 것이다.

브라운 워십은 이름이 비전이고 이름대로 가는 분명한 팀이다. 그리고 대상들은 세대 통합적인 예배를 인도하고 있었다. 분명한 대상 20대, 30대, 40대의 각 세대별로 나누어진 예배 인도가 아닌 세대가 통합이 되어 예배음악의 흐름은 이 모든 세대를 포함하는 예배의 흐름 갖고 있었다. 아주 좋은 예배 인도와 예배음악의 흐름이라고 생각한다.

한국 교회의 대부분의 예배 현상은 가족 중심이기보다는 나이별로 나뉘어져 예배를 드리고는 각자 집으로 돌아오거나 나중에 예배가 끝난 후 만나는 형태이다. 예배에서의 소통, 감성, 은혜, 공감대가 많이 떨어지는 것이 사실이다. 가정에서조차 이루어지지 않는 만남과 소통을 교회에서 세대 통합의 가족 예배를 계획하고 진행하다면 세대 간의 신앙적 격차를 줄이는 데 큰 도움이 될 것으로 생각한다. (예: 청주 서원경교회, 산본 세린교회, 분당 지구촌교회 등)

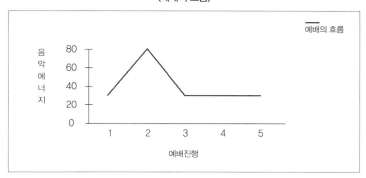
〈예배의 흐름〉

(1.예배 시작 기도/찬양 2.빠른 템포 찬양 3.말씀 전 찬양 4.말씀후 찬양 5.엔딩)

IV.
현대 예배의
미래
진단

Ⅳ. 현대 예배의 미래 진단

지금까지 예배음악으로 사역을 하는 정기적 모임 단체와 비정기적 모임의 현장을 탐방하여 예배팀의 소개, 비전, 흐름, 목적, 음악적 장르 등을 살펴보면서 이 시대의 다양한 예배음악 사역단체들의 현장들을 살펴볼 수 있었다. 앞으로 현대 예배의 변화는 세대들의 급속한 변화에 따라 예배 흐름과 장르 전환, 구조적 환경, 문화적 환경의 변화가 없다면 다음세대 예배자들의 참여와 동참은 점점 쇠퇴할 것으로 예상된다. 이미 개교회 중, 고등부와 청년 예배 인원이 2000년에서부터 2013년 현재까지 예배 출석이 급감하고 있음을 호소하고 있다. 아무런 대안 없이 다음세대 예배를 준비한다면 유럽의 교회와 마찬가지로 교회 안에는 나이가 많으신 어른 성도들만 있게 되는 현상을 보게 될 것이다.

이러한 예배 사역단체들의 탐방 결과를 가지고 앞으로 현대 예배의 변화와 개교회 상황적인 상태와 현황에 따라 새로운 예배 형식을 제안하고자 한다.

1. 예배 형식의 변화가 일어난다면 자유로운 스타일의 형식이 일어날 것이다. 앞의 다섯 군데 선교단체의 예배음악 형식이나 음악 장르, 형태 등 다양한 모습으로 모임을 인도하거나 회중과의 소통이 이루어짐을

볼 수 있다. 이러한 의미는 지금의 시대에 살아가는 형태의 변화로서 예배의 흐름도 무형식의 변화를 요구하는 예배자들의 변화가 나타나고 있기에 이 변화의 추세에 따라가지 않을 수 없는 문화적 상황이 도래했다. 형식이 없는 어쿠스틱 워십을 제안한다. 악기 배치로는 첼로, 어쿠스틱 기타, 퍼쿠션, 신디사이저 4종류의 악기를 가지고 예배 형식의 자유로움을 가지며 예배 인도자의 자유로운 인도 형식에 따라 예배음악을 전개하거나 연주하거나, 어느 때는 연주를 하지 않고 무음으로 음성으로만 부르게 하는 인도 방식을 말한다. 사실 이러한 무형식의 예배는 대형 교회가 아닌 중소형 교회에서 가능한 형식이며, 오히려 예배 찬양의 깊은 감동을 받을 수 있는 경험을 할 수 있다. 요즈음의 교회 설립을 보면 전원 교회, 의미와 가치로 세워지는 교회, 작지만 지역과 함께하는 교회들의 예배는 이와 같이 화려한 연주 사운드로 하는 것이 아니고, 마음과 마음을 이어주는 무형식의 예배가 잘 어울린다고 생각한다. 내가 공연했던 장소 중 양평에 위치한 대한예수교장로회 통합 측 교단 소속인 국수교회는 이러한 무형식의 예배를 무대로 만들었고, 이곳에서는 비정기적으로 무형식의 여러 장르 공연과 연주를 할 수 있도록 하고 있음을 보았다.

2. 예배음악의 형식이 변화한다면 전문 편곡형의 변화가 일어날 것이다. 새로운 음악 형태가 나타나고 그들의 기능적 사역이 찬양 스타일의 편곡 형식으로 전개되는 음악의 흐름이다. 지금까지 한국 교회 찬양팀의 변화를 유출해 보면 동시대의 흐름에 주도적으로 이끈 선진국의 음악 형태를 도입함으로 예배 찬양팀의 자생이 이루어졌다. 하지만 한국의 예배음악 수준도 상당한 실력과 전문성이 드러나고 있는 시점이다. 이러한

현실을 비추어 보아 한국적인 예배 모형의 틀을 만드는 시기라고 본다. 그것의 예로 앞에서 분석한 마커스와 어노인팅 음악 선교단체들 모습의 예배음악 흐름은 주로 편곡형의 형식으로 음악이 생산되고 있다. 기존 찬송가 형식의 변화 그리고 기존의 잘 알려진 경배와 찬양의 편곡화 현상은 한국적인 예배음악의 흐름에 큰 영향력을 주고 있다. 전 세대를 포함하는 음악을 편곡하고, 생산하여 한국 교회와 친밀하게 소통하고 있기 때문에 이제 한국 교회 예배음악의 흐름 변화도 이와 같이 편곡형의 음악 스타일이 일어날 것으로 예상된다.

이제 한국 교회 안에서도 많은 전문인 사역자를 양성하고, 양성된 사역자들과의 연합과 조율로 예배음악의 변화를 바라봐야 할 것이다. 대부분 어릴 때부터 음악적 소양을 키우고 자라온 다음세대 청년들은 어떠한 음악을 접하여도 음악을 편곡하고 패러디할 수 있는 실력을 가지고 있기 때문이다. 심지어 대학교 안에서도 실용음악학과가 각 학교마다 있고, 이들이 졸업하게 되는 2014년 이후에는 전문인 사역자의 포화 상태가 될 것이기 때문이다. 교회 내에 전문인 사역자들을 양성하고 배출하여 교회 안에서의 작곡과 편곡으로 예배음악을 만들고 표현할 수 있는 형식의 변화를 기대해 봐야 할 것이다.

3. 예배음악의 형식이 변화한다면 워십 콘서트의 형식이 일어날 것이다. 앞으로 예배 세대인 지금의 청소년, 청년들의 예배 흐름은 워십 콘서트 형식에 익숙하기 때문에 워십 콘서트의 형식과 흐름을 한국 교회가 인식해야 할 것이다. 이미 서울 신촌에 위치한 뉴제너레이션 목요모임이 그 사례이다. 이 모임은 온전히 교회의 지원과 개인의 전반적인 후원으로 모임이 진행되고 있다. 교회에서는 하드웨어적인 음향, 특수 조명, 최첨단

멀티미디어 장비, 특수 카메라(HD)로 구축되어 모임의 역동적 예배의 흐름, 음악과 빛의 조화, 영상으로 연출되는 예술적 미학의 상영이 앞에서 언급한 워십 콘서트의 형식으로 전환되고 있음을 보여 주는 사례라고 할 수 있다. 특정한 예배팀은 시선이나 이목이 주목되는 것은 사실이다. 신촌에서 진행되는 다음세대 청년들을 위한 예배 모임은 문화적 상황, 음악적 전문성, 무대 디자인의 변화 그리고 각 개교회의 연합 콰이어의 자발적 참여로 예배의 환경과 상황을 더욱 극대화하고 있음을 볼 수 있다.

이러한 형식의 예배 모임은 한국 교회 개교회에서는 할 수 없을 것이다. 하지만 지역의 교회들이 연합하여 한 달에 한 번이든 분기별로 한 번이든 각 예배팀이 연합하여 진행한다면 못할 것도 없는 예배 환경일 것이다. 1998년도부터 2001년까지 지역 교회들이 연합하여 진행하는 문화쉼터가 참 많았던 때가 있었다. 신촌의 창천교회, 수유리의 성북문화쉼터, 대전 기독교백화점 안에 있는 프레이즈 문화쉼터, 부산 경성대학교의 경성문화쉼터 등 참 많은 지역에 문화적 상황과 음악적 기독콘서트를 많은 곳에서 활발하게 진행할 때가 있었다. 그렇다면 지금도 각 개교회들이 지역 간의 격차를 줄이고 워십 콘서트 형식의 모습으로 개교회들이 연합하고, 재능으로 연합하여 지역 문화회관이나 예술회관에서 공연을 올린다면 이것 또한 기독교 문화 콘텐츠를 사회적으로 영향을 줄 수 있는 기독 문화 사역에 큰 영향력을 줄 것이라고 생각한다.

이러한 형식을 조금 더 성숙하게 하면 성가대와 함께하는 예배 인도 형식이다. 이러한 형식은 지금 B.I.G CHOIR(대표 안찬용)의 사역 형태이다. 소리를 발할 수 있는 인원의 수가 많을수록 웅장함과 전달력은 회중에게 강한 인상을 남게 한다. 예배 중에 콰이어(Choir)의 역할을 증대하여 한국 교회 안에서 가장 많은 사역의 힘을 갖고 있는 성가대의 변화와 발전이 다음세대와 예배 변화에 다리 역할을 해야 할 것이다.

4. 예배음악의 형식이 변화한다면 멀티미디어의 예배 형식이 일어날 것이다. 한국 교회는 급속한 성장과 더불어 교회 건물 또한 최첨단 장비로 구축하게 되었지만 전문적인 인력 없이 사용되고 있다. 하지만 최첨단의 전문적인 장비를 다루는 기능인이 헌신되고 협력하여 사역을 한다면 예배의 형식은 멀티미디어의 최첨단 예배로 바뀌게 될 가능성이 상당히 높다. 이제 한국 교회도 변화의 시점에 도달했기 때문에 교회가 변화될 수 있는 가장 근접한 형태는 교회 내의 최첨단 장비 활용과 시대에 맞는 미디어의 도입일 것이다. 이러한 예배 모형을 진행하고 있는 곳이 마커스의 예배 모임이다. 장비 대여 및 최첨단 장비를 마커스의 라이브 실황일 때에만 사용하고 있고 그 외에는 일반적인 예배 모임으로 진행되고 있다. 사실 마커스 예배 전경을 조금 더 멀티미디어 방식으로 디자인하여 더욱더 청소년, 청년층의 문화적 코드를 맞게 할 수 있지 않을까 생각했다. 또 한 군데를 추천한다면 디사이플스 예배팀의 사역이다. 최첨단의 장비와 그리고 강한 사운드는 다음세대 청소년들에게 강한 예배 사역의 인상을 줄 수 있는 형태를 갖고 있다. 미디어의 사용을 통해 예배 중 강한 이미지와 상징을 나타내고 있으며, 이로 인해 예배에 참여한 자들은 예배 중에 사용된 강한 이미지와 상징은 삶에서도 무의식 가운데 증명되기 때문이다. 호주에서 가장 영향력 있는 예배 사역을 하고 있는 힐송예배(hillsong worship)의 전경은 완전히 최첨단 멀티미디어의 사용으로 그날 그 예배의 주제를 경험하도록 무대 디자인과 조명 그리고 환경까지 전반적으로 디자인을 하고 있다. 이로 인한 예배의 주제는 우리에게 강한 인

상으로 다가오게 하고 있음을 현지에서 탐방한 나의 경험이다.

5. 마지막 예배음악의 형식이 변화한다면 팝스오케스트라의 형식이 일어날 것이다. 왜냐하면 한국 교회의 예배음악의 자원 중에 가장 많이 분포하고 있는 부분이 클래식 분야이다. 이들의 재원들과 함께 경배와 찬양의 형식으로 도입한다면 이전보다 더욱 웅장하고 화려하며 감동을 더하는 예배 형식과 음악을 경험하게 될 것이다. 비정기적인 예배 모임을 진행하고 있는 브라운 워십 예배팀은 현장 탐방 이후 나에게 큰 인상을 준 단체이다. 기지촌 여성들과 이주민 여성들을 돕고 작은 지역 교회들을 찾아가 그곳에서 2개월~3개월의 시간을 가지면서 상실되었던 예배의 감격과 기쁨을 전달하고는 또 다른 작은 지역 교회로 찾아가는 방식으로 사역을 진행하는 것은 정말로 쉽지 않은 헌신이다.

사역자들의 구성과 사역의 헌신은 클래식 연주자와 현대 악기 연주자, 어쿠스틱 연주자, 보컬, 콰이어, 인도자까지 모두 다 자비량 사역을 하고 있다는 것이다. 아르바이트를 하며 자신의 삶과 시간을 그대로 소외되고 예배의 기쁨을 알지 못하는 곳에서 예배의 향기를 나타내고 있다. 앞으로의 한국 교회 예배음악 사역의 모습은 이와 같이 팝스오케스트라로 전환되어야 한다고 생각한다. 왜냐하면 한국 교회는 클래식 인재들과 현대 악기를 사용할 수 있는 인재들이 너무나 많기 때문이다. 심지어 콰이어를 따로 모집하지 않아도 한국 교회는 성가대의 역할이 있다. 이들과 연합하여 팝스오케스트라의 형식으로 예배의 음악과 연주를 감당한다면 예배에 참여하는 참여자들은 깊은 감동과 감격을 예배의 한 요소로 경험하게 될 것이다.

위에서도 언급하였지만 미국 동부에 위치한 브룩클린 태버내클 교회

(Brooklyn tabernacle church의 예배 형식은 한국 교회가 앞으로 예배음악의 기능과 역할을 바라볼 때 좋은 모델이 되는 교회라 할 수 있다. 전문 음악성과 신앙적 훈련과 연합의 나눔을 통해 성가대의 사역 자체가 예배음악 사역의 큰 축을 이루고 있다. 매주 한국 교회의 예배에 예배음악을 돕고 있는 성가대와 오케스트라의 연주 사역이 예배 사역과의 연합과 기능의 창조와 발전이 일어나길 기대해 본다.

지금까지 한국의 음악 선교단체들의 예배음악과 악기 활용이 예배의 흐름에 상당한 영향력을 끼치는 것을 살펴볼 수 있었다. 악기 사용의 기능과 역할을 이해하지 못하고 일방적인 연주와 인도의 흐름으로 전개되고 있었다. 악기 고유의 흐름과 진행도 있지만 회중과의 소통을 이루는 예배음악의 흐름과 예배의 목적과 방향을 맞는 주제에 집중되는 예배음악의 흐름도 있었다. 예배음악 사역단체들의 예배음악 흐름이 전부인 것은 아니다. 하지만 대부분의 한국 교회 예배 찬양팀은 음악 선교단체들의 음악 흐름과 인도법을 따르고 있기 때문에 앞에서 언급한 예배음악의 흐름과 형식은 예배음악의 기능과 방법론으로 제안할 수 있다.

주일예배로서의 예배음악 사역은 사실상 큰 발전을 가져올 수 있다. 음악 선교단체들은 자신의 직장과 삶을 헌신하며 음악 사역에 동참하고 있으며, 또한 이들은 2~3번의 음악 사역의 리허설을 통해 사역을 하고 있다. 한국 교회 개교회 예배음악 사역자들은 일주일의 하루를 특별히 토요일에만 연습을 하고는 바로 주일에 예배음악 사역을 전개한다. 이것은 예배음악의 모방 형태인 것이지 창조적인 예배음악 사역에는 아무런 영향을 줄 수가 없다. 대형 교회의 예배음악 사역팀은 교회 내에서 사례를 받기 때문에 일주일에 2~3번의 연습 과정과 신앙적 훈련으로 서로를 연합하여 예배음악의 창조적인 사역을 할 수 있게 환경을 갖추고 있다. 대부분의 한국 교회의 사정을 바라보면 너무나 부족한 환경에서 예배음악 사역을 하고 있다. 예배음악 사역의 변화를 갖기 위해서는 첫째, 교회적인 지원과 사역의 인식을 가져야 한다. 예배에서 음악의 요소가 많이 차지하고 있음에도 불구하고 음악 사역을 하는 이들을 방치하고 자원봉사적인 형태로만 의존한다면 한계성을 만나게 될 것이다. 둘째, 예배음악 사역을 하는 전문인 사역자들을 임용하고 연합하여 예배음악의 성장을 도모해야 한다. 개교회의 신앙적 토양과 지역과의 배경적 토양을 이해하는 전문인 음악 사역자들을 임용하여 구체적인 예배음악 사역을 펼쳐야 할 것이다. 그리고 작곡가의 역할이 너무나 중요하게 대두되는 시기가 다가오고 있다. 저작권협회와의 긴밀한 협의가 없으면 교회에서 부르는 모든 저작권의 노래에 비용을 청구하는 상황이 되고 말았기 때문이다. 이제 전문인 사역자들이 교회 내에서 자작곡을 만들고, 교회 내에서는 그 곡을 부를 수 있도록 하여 대중적인 예배음악 곡을 사용할 수 있도록 교회 지도자들의 선택이 있어야 할 것이다. 셋째, 주일예배뿐만 아니라 특별 예배나 특별 집회를 만들어 전문적인 예배음악의 확장을 가져와야 한다. 다음세대 청년들은 자신의 음악성을 펼치기 위해 더 좋은 환경이나 대형 교회에서 자신의 음악성을 높이기 위한 진로를 갖고 싶어 한다. 그래서 작은 교회를 떠나고 자신의 음악성을 높이기 위한 장소와 교회로 그리고 세상의 연주하는 곳으로 떠나고 있는 게 현실이다. 다음세대 청년들과 예배음악뿐만 아니라 교회의 음악 발전을 위해서는 지금보다 더 많은 관심과 지원, 인식이 필요할 때이다. 지금 세대에게 주어지는 음악의 방향성을 가르쳐 주고, 이들에게 예배자의 마음을 기르게 하며, 예배음악의 기능과 방법의 이해가 무엇인지 훈련시킴으로써 교회 안에서의 전문인 사역자로 성장하도록 교회와의 친밀한 관계성을 가져야 할 것이다. 예배음악의 성장이 보이면 자작곡으로 교회의 예배 음반을 만들어서 지역과 선교 사역에 힘을 모으면 교회 안에서 다음세대 예배들은 더욱 살아날 것으로 생각한다.

이제 한국 교회 예배음악 사역도 많은 성장과 변화를 갖고 있다. 전문적인 음악성은 물론이고 음반을 만들거나 음악을 편곡하거나, 예배음악을 연출하는 형태가 곳곳에서 일어나고 있다. 그렇지만 한국의 예배음악 사역단체들의 예배 모임 회중의 참여 계층이 10대에서 20~30대 계층으로 옮겨지고 있는 현상이다. 예배 모임에 10대들의 참여 비율이 현저하게 떨어지고 있다는 것은 예배음악 사역에 큰 관심을 가지고 있지 않다는 것이다. 예배음악 사역단체들도 소수의 인원과 함께 예배 모임을 진행하고 있음을 볼 때 안타까움을 갖게 한다.

한국의 예배음악 사역단체들로 인해 한국 교회의 예배음악이 성장이 있었다는 사실은 의심할 여지가 없다. 각 단체들도 더욱더 발전적인 창조 사역과 교회와 다음세대들에게 모델이 되는 진정성의 사역을 찾아야 할 것이다. 또한, 이제 각 선교단체들에게서 배운 음악성과 음악의 디자인, 예배 인도법 등을 통해 개교회가 예배음악의 사역 방법론을 선택, 연구하여야 발전과 성장이 있을 것으로 기대해 본다.

진짜
예배자를
꿈꾸다

I. 예배와 찬양의 효과적인 인도법

1. 예배 인도자의 필요성

규모가 큰 모임일수록 대부분 지정된 인도자가 있어야 한다. 예배 인도자는 장소의 규모와 회중의 찬양에 대한 만족도, 목회 방침에 의해 그 필요성을 찾게 된다. 인도자는 찬양 시간을 분명한 방향과 초점을 가지고 인도할 것이다.

2. 예배 인도자의 음악적 통솔력

만약 여러 사람이 찬양을 인도하게 되어 노래들이 각기 서로 다른 관점을 갖게 된다면 그 예배는 초점을 잃고 만다. 한 인도자에 의해 예배의 분명한 초점이 생기고 회중 사이에서도 통일된 힘이 생겨나는 것이다. 예배 인도자는 음악가들과 회중 사이를 부드럽게 연결할 수 있어야 한다. 안정되고 지속적인 리듬이 매우 중요하다. 노래들의 리듬을 결정하고 흐름이

끊이지 않게 해 줄 권위가 주어진 한 사람이 꼭 필요하다. 어떤 노래들은 절(verse)에서 코러스로 갈 때 템포가 바뀌는 경우가 있는데 이때 인도자는 새로운 템포를 잡아 주어야 한다.

3. 예배 인도자의 자격

예배인도자가 갖추어야 할 자질이 여덟 가지가 있다.
① 인도자는 경배자, 예배자여야 한다.
② 첫 번째와 비슷한 것으로서 인도자는 깊고 인증된 영적 생활이다. 영적으로 어린 사람이라면 예배를 인도하는 것이 좋지 않다. 인도자는 찬양과 경배의 분위기에 익숙해 있어야 한다.
③ 인도자에게는 음악적 자질이 있어야 한다.
④ 인도자가 좋은 평을 들어야 함은 두말할 필요도 없으며 인격적이어야 한다.
⑤ 인도자는 한 팀의 지체로서 그 역할을 감당해야 한다.(유연한 관계)
⑥ 인도자는 그 교회나 목사, 교회의 신조들에 대하여 올바른 자세를 갖고 있어야 한다.
⑦ 인도자는 본교회의 예배 인도에 충실할 수 있어야 한다.(직분에 헌신)
⑧ 마지막으로 열정적이고 친밀하며 따뜻한 인품을 소유한 예배 인도자이어야 한다.
예배인도자가 되기 위한 자격과 그가 시간과 경험을 통해 배워야 하는 능력들은 구분돼야 한다. 만약 예배 인도자에 대한 요구가 너무 엄격하다

면 자격을 갖춘 사람은 아무도 없을 것이다. 대부분의 경배 인도 능력은 경험을 통해서 얻어진다. 따라서 신참들에게는 이것이 있을 수 없다. 경험은 매우 중요하고 필요한 요소이다.

예배 인도자는 하나님이 원하시는 인도자가 되기 위해 계속적으로 도전받을 필요가 있다. 부르심의 삶을 살기 위해 인도자는 늘 애써야 한다. 강대상에 있을 때나 떠났을 때나 똑같은 삶을 살아야 한다. 부르심과 사역에 합당한 삶을 살아야 한다. 회중 앞에서와 홀로 있을 때의 삶이 달라서는 안 된다. 어떤 사람들은 '강대상 체질'을 갖고 있다. 그것은 인위적이고 가식적이다. 화려하게 무대에 나와서 사람들에게 감동을 주려 하지만 그런 태도로는 사람들의 호감을 사지 못한다. 예배 인도자에게 '속사람'은 매우 중요한 요소이지만 그렇다고 외적인 모습이 무시되는 것은 아니다. 사람의 외적인 모습은 삶의 한 요소이기 때문이다. 예배 인도자의 옷 입는 스타일은 청중을 산만하게도 할 수 있고, 비난받을 수도 있다. 옷 입는 스타일로 사람들을 찬양하게 할 수도 있고, 비난받을 수도 있다. 옷 입는 스타일로 사람들을 찬양하게 할 수도 있고 조소하게 하거나 부러움을 살 수도 있다. 색깔과 디자인이 조화롭고 자신에게 잘 맞는 옷을 적당히 차려 입어야 한다.

4. 예배 인도자의 음악적 전문성

음악에 대해 알면 알수록 우리는 예배의 영적 요소와 음악적 요소를 보다 잘 연결시킬 수 있다. 엄청난 성령의 충만함을 느끼다가도 반주팀이 한쪽에서 이상한 소리를 내고 있으면 그 귀한 느낌이 사라질 때가 있다. 음악적인 능력이나 질을 향상시킬 수 있는 몇가지 중요한 것이 있다.

첫째, 가창 능력을 발전시킬 수 있다. 레슨을 통해 기량을 증진시킬 수 있다. 우리는 매력적인 소리를 내기 위해 연습해야 한다. 그리고 생동감 있고 흥미를 주는 음질을 훈련해야 한다. 예배 인도자는 새로운 악보를 자신 있고 정확하게 인도할 수 있는 초견 실력을 갖추고 있어야 한다. 만약에 찬양팀에 멜로디를 노래할 사람이 없다면 인도자는 화음을 넣기보다 멜로디를 노래해야 합니다. 대중은 보통 인도자가 노래하는 것을 따라 부르기 때문이다. 만약 마이크 앞에서 화성을 붙여 노래를 한다면 그 노래를 처음 부르는 사람들은 어떤 것을 노래해야 하는지 어리둥절할 것이다. 인도자는 마이크 앞에서 독창하는 습관을 가져서는 안 된다. 어떤 예배 인도자들은 멜로디에 자기 나름대로의 화성을 붙여 노래함으로써 독창을 한다. 그것 역시 노래를 배우려는 사람들을 곤란하게 만든다. 인도자는 멜로디를 정확하게 불러 주어야 한다.

둘째, 인도자는 지휘 기술을 개발할 수 있다. 지나친 손놀림은 별로 도움이 되지 않는다. 손동작으로 박자를 다른 사람에게 전달한다는 것은 쉬운 일이 아니다. 그러므로 손의 움직임에는 분명한 목적이 있어야 한다. 강박(强拍)을 분명히 나타내 주어야 한다. 또한 자연스럽고 우아한 동작이어야 한다. 특별한 손짓이나 습관적인 손동작은 불필요하다. 손동작을 개발시키는 방법 중 하나는 거울 앞에서 연습하는 것이다. 또한 인도자와 음악가들 간의 솔직하고 정직한 관계도 도움이 될 것이다.

인도자는 노래를 인도하는 팔의 움직임이 어느 정도가 적당한지 알아야 한다. 움직임이 너무 크면 우리 자신에게로 과도한 주의를 끌게 되고,

반대로 움직임이 너무 작으면 연주자와 회중 사이를 잘 연결할 수 없다. 손과 팔의 운동 크기를 결정하는 데는 세 가지 요소가 있다.

1) 모임의 규모(큰 모임에서는 큰 동작이 필요하다)
2) 노래의 분위기(노래가 조용하고 부드러운 경우 큰 동작은 노래의 성격에 맞지 않음)
3) 예배의 종류(장례 예배에서는 손을 전혀 움직일 필요가 없거나 아주 작은 동작만 한다)

리듬의 안정성도 매우 중요하다. 엉뚱한 리듬은 노래의 효과를 망쳐버린다. 어떤 노래는 각 소절들 사이가 너무 길다. 예를 들어 "나의 주님 소리 높여서……" 하고 나온다. 인도자는 이때 '서'의 박자를 충분히 끌지 않고 다음 소절 '예배……'로 그냥 들어가 버리려는 충동을 느낍니다. 이것을 '다음가사예상'이라고 불러도 될 것이다. 그러므로 인도자는 정확한 박자를 지켜서 회중이 인도자의 박자를 알아가야 한다. 하나님만 찬양할 수 있도록 해야 한다. 노래를 어떤 속도로 시작할 것인가를 배우는 것도 중요하다. 노래가 처음 시작될 때에는 바른 속도로 정확하게 시작해야 한다. 내가 어떻게 그 기술을 습득했는지 내 경험을 말씀드리고 싶다.

5. 예배 인도자의 주요 사역

예배 인도자의 임무는 **사람들로 하여금 경배할 수 있도록 가능한 최고의 기회를 제공해 주는 것이다.** 만약 우리가 사람들이 경배할 수 있는 최고의 기회를 마련해 주어서 우리의 역할을 다했다면 이제 경배의 기쁨을 누리는 것은 그들의 선택이다. 만약 사람들이 경배에 들어오기를 거부한다면 그것은 우리의 책임이나 문제가 아니다. 최상의 예배 분위기를 만들기 위한 어떤 특별한 기름부음은 분명히 있다. 그러나 일단 경배의 기회가 주어졌다면 그 기회를 이용하는 것은 사람들의 특권이다. 예배 인도자의 생각은 다음과 같을 것이다.

'나는 하나님을 경배할 것입니다. 여러분들은 우리가 하나님의 임재하심을 즐거워 하는 것처럼 저와 예배팀에 자유롭게 참여하실 수 있습니다. 그러나 여러분이 경배에 참여하시든 안 하시든 우리는 경배할 것입니다.'

우리는 여기서 좀 솔직해질 필요가 있다. 사실 우리는 예배 인도자가 아니다. 성령님이 진정한 예배 인도자이다. 예배 인도자로서 우리 각자는 성령님이 사용하시는 그릇에 불과하다. 성령님만이 사람들의 마음속에서 경배를 불러일으킬 수 있다. 오직 성령님만이 진실로 예배를 인도하실 수 있다. 성령님이 사람들 마음을 움직이지 않으신다면 우리가 무엇을 할 수 있겠는가? 우리가 예배의 주도권을 가진 것이 아니다. 성령님이 그의 주권적인 뜻에 따라 역사하시든 역사하지 않으시든 우리는 그분께 모든 권리를 내드려야 한다. 예배 인도자들이 예배를 주도해 가려는 경향은 대개 선한 동기에서 나온 것이다. 우리는 사람들을 경배와 찬양의 깊은 곳으로 인도하기를 진정으로 원하고 있다. 그러나 하나님이 주신 그 비전에 인간의 에너지를 첨가하려는 경향을 인간이기에 가지고 있다. 종종 사람들이 경배하고 있는 모습을 보며 답답해할 때가 있다. 우리는 그들이 하나님이 원하시는 깊은 곳으로 들어가기를 진정으로 바라기 때문에 우리의 도움이 다소 필요할 것이라고 생각한다. 그러나 하나님은 신속하게 역사하시지 않기 때문에 우리 스스로 그 과정에 속도를 조금 가하려 한다. 모든 예배 인도자는 인간의 힘으로 뭔가 해보려는 습관과 싸우고 있다. 우리는 선지자의 말을 들어야 한다. "만군의 여호와께서 말씀하시되 이는 힘으로 되지 아니하며 능력으로 되지 아니하고 오직 나의 영으로 되느니라"(슥 4:6). 우리는 성령의 능력 안에서 인도받기를 진정 원할 수 있다. 성경은 기도하기 위해 애쓰라고 말한다(롬 15:30). 기도는 정말 일을 필요로 하는 노동이다. 그러나 예배드리는 데에는 그렇게 애를 써서는 안 된다. 미국의 예배신학자인 저드슨 콘월은 모세 성막의 제사장들은 땀나는 것을 피하기 위하여 세마포 옷을 입었다고 지적했다. 하나님 앞에서 봉사하는 일에는 땀을 내서는 안 됩니다. "너희는 가만히 있어 내가 하나님 됨을 알지어다"(시 46:10).

사람들을 인도하는 데 전력투구했기 때문에 육신적으로는 피곤하고 정신적으로 지쳐서 강대상을 떠난다. 그러나 이것은 경배 인도자와 예배에 대한 하나님의 의도와는 다르다. 하나님은 우리 예배 인도자들에게 교회 안에서 드리는 경배에 대한 비전을 주신다. 그리고 그 비전을 현실로 이루기 위해 우리가 성령님과 조심스럽게 일하기를 기대하신다. 경배는 본질적으로 매우 단순한 것이다. 경배는 우리의 마음을 움직일 때 성령의 힘에 의해서 되는 것이다.

예배의 외적인 표현들(춤, 깃발, 행렬, 행진)에만 관심을 갖고 그것을 자기 교회에 그대로 적용하는 것은 위험한 일이다. 예를 들어 댄스 사역을 시작하려고 애를 쓸 수도 있다. 그러다가 점점 예배의 대상보다는 방식에 더 관심을 갖게 된다. 하나님 자신에서부터 하나님을 위한 어떤 행위, 즉 경배 자체로 우리의 눈을 낮추는 것은 우상숭배이다. 예배의 어떤 외적인 형식에 큰 관심을 갖고 돌아왔다면 그것은 죄가 될 수 있다! 그것이 춤이건, 외치는 것이건, 깃발을 휘두르는 일이건, 그 어떤 표현의 양식도 예배 또는 더 높은 차원의 예배를 보장하지는 않는다. 다양한 표현이 도움이 되겠지만 이런 수단들이 어떤 마술을 부릴 수 있을 것이라고 생각해서는 안 된다. '우리 교회에서 춤을 출 수 있다면 예배가 훨씬 좋아질 텐데!' 이것은 잘못된 생각에 기초한 가정일 뿐이다. 우리의 관심을 그런 외적인 것에서 돌려 오직 하나님에게만 두어야 한다. 우리는 오직 예수 그리스도만 바라보아야 한다(히 2:9, 3:1, 12:2 참조).

II. 예배 인도팀

1. 팀 사역의 장점

팀이 한 인도자의 효율성을 강화하는 데는 일반적으로 두 가지 방법이 있다.

첫째, 팀과 함께할 때 안전성과 도움이 있다. 나는 수년 동안 예배팀과 여행을 하며 많은 교회에서 예배를 인도하는 동안 팀의 지원을 받는다는 것이 얼마나 축복인가를 배웠다. **둘째**, 팀과 함께할 때 **능력**과 **협력**이 있다. 그 사역의 효율성은 팀과의 공동 사역에 의해서 배가 되고 강화될 것이다. 우리는 사람들의 삶에 영향을 끼칠 한 사람보다는 집단이 필요합니다. 개인 인도자들은 그들 사역의 효율성을 증대시키기 위해 팀으로부터 지원을 받아야 한다.

예배팀은 일반적으로 **세 분류**로 구성된다. 예배 인도자, 오케스트라(연주자들) 그리고 노래하는 자(성가대의 일부 또는 전체), 어떤 교회에서는 댄스팀도 경배팀에 포함시킨다. 음향 조절자와 PPT 자막 담당자도 팀의 일원으로 포함할 수 있다.

팀 구성원 들을 살펴보기 전에 팀의 가장 중요한 사람인 목사부터 시작하자.

● 목사의 역할

목사는 예배 사역의 핵심이다. "이는 여호와 앞에서 한 것이니라 그가 네 아버지와 그의 온 집을 버리시고 나를 택하사 나를 여호와의 백성 이스라엘의 주권자로 삼으셨으니 내가 여호와 앞에서 뛰놀리라 내가 이보다 더 낮아져서 스스로 천하게 보일지라도 네가 말한 바 계집종에게는 내가 높임을 받으리라 한지라"(삼하 6:21~22) 자신의 교만은 접어두고 하나님의 백성을 최고의 경배와 찬양으로 인도하는 것이 목사의 책임이다.

목사는 음악팀들에게 비전과 방향을 제시해 주어야 할 뿐 아니라 이 사역에 관계된 사람들을 공개적으로 인정해 주고 용기를 주어야 한다. 목사가 음악과 예배 사역자들을 격려하고 계속해서 감사와 이해를 보여 주는 것은 매우 중요하다. 교회에서 음악의 목적과 사용을 신학적으로 정립할 수 있어야 한다. 왜 우리는 음악과 경배를 이렇게 중요시 해야 하는가? 교회음악은 그 고유의 분명한 역할이 있다.

● 목사와 예배 인도자와의 관계

하나님은 목사와 예배 인도자가 서로 협력하여 일하기를 원하신다. 이 두 사람은 서로 잘난 체하기 위해 경쟁하는 상대가 아니다. 많은 예배 인도자는 자신이 설교자이기를 바란다. 하나님은 우리 각자에게 그에 맞는 능력을 주셨다. 우리는 하나님이 주신 선물에 만족해야 한다. 만약 모든 사람이 설교자라면 누가 듣겠는가? 만약 모든 사람이 예배를 인도한다면 누가 따라오겠는가? 만약 한 사람이 모든 것을 다 한다면 지체의 사역은 어떻게 되는 것인가? 그러므로 목사와 예배 인도자는 경쟁 관계여서는 안 된다. 다른 사람의 사역이 보다 효과적이 되도록 서로 도울 수 있어야 한다. 목사와 예배 인도자가 한 영으로 연합되어 있다면 가장 멋진 결합이다. 하나님은 높은 찬양과 성령의 검(하나님 말씀)이 합해질 때 우리가 열방 가운데서 우리의 상속을 받을 것이라고 말씀하신다(시 149:6~9). 말씀 사역 없이 찬양만 하는 교회는 한쪽 날개를 잃은 새처럼 퍼득거리며 주위만 빙빙 돌 뿐이다. 그러나 강단의 말씀 사역과 함께 찬양하는 교회는 번창할 것이다. 목사는 예민하고 성령 충만한 예배 인도자가 필요하고 예배 인도자는 유능하고 성령 충만한 설교자가 필요하다. 목사와 예배 인도자 사이에 건강하고 견고한 관계를 유지하기 위해서는 세 가지 요소가 중요하다. 존경과 이해, 교통이 바로 그것이다.

목사와 인도자 사이에 영적 연합, 상호 감정 이입, 존경이 있다면 매우 이상적인 관계이다. 만약 인도자가 목사를 온전히 존경하지 않는다면 그는 목사의 의견과 달리 행동하게 되며 더 나아가 목사의 방법과 결정에 회의적이다. 목사가 예배 인도자의 영성과 민감성을 존중하지 않는다면 그를 그 위치에 임명해서는 안 된다. 어떤 사람을 예배 인도자의 자리에 앉혀 놓고 그를 신뢰하지 않고 계속 인도자의 의도를 방해하고 짓밟는 것은 올바른 일이 아니다. 만약 예배 인도자가 훈련 중이라고 이해한다면 그 인도자에게는 실수할 수 있는 충분한 자유를 주어야 하며 그로 인해 성장, 개선할 수 있도록 두어야 한다. 목사와 예배 인도자는 서로 이해할 수 있어야 한다. 때때로 목사는 예배 인도자가 준비한 것과 다른 방향으로 인도해야겠다는 느낌을 받는다. 누가 옳은 것일까? 누가 주님의 마음을 가졌을까? 목사인가, 예배 인도자인가?

우리는 아모스의 글에서 그 해답을 찾을 수 있다. "사자가 부르짖은즉 누가 두려워하지 아니하겠느냐 주 여호와께서 말씀하신즉 누가 예언하지 아니하겠느냐"(암 3:8). 예언의 영이 회중 가운데 있으면 모든 사람이 예언하려 할 것이다. 마찬가지로 예배에서도 하나님의 영이 운행 하실 때 어떤 사람들은 예배가 어떤 방향으로 흘러가야겠다는 영적 통찰력이 생긴다. 목사가 예배 인도자의 인도권을 취할 때 그 인도자는 감정이 상할 필요도 없고 자기 연민에 빠질 필요도 없다. 하나님이 어떤 방법을 사용하시든지 하나님의 백성을 축복하는 것이 바로 사역의 목표이다. 인도자는 자기가 할 수 없는 것을 목사님은 어떻게 하나 또는 목사님은 어떤 식으로 성령을 느끼는가를 배우기 위해 목사가 예배에 새롭게 끌어들인 방법이나 생각을 조심스럽게 연구해야 한다.

목사와 인도자의 방법과 접근이 다른 이유는 영적인 것보다는 단순히 인간적인 경우가 많다. 목사와 예배 인도자가 예배 인도하는 일에 서로 다른 생각을 갖고 있다면 두 사람은 서로를 이해해야 한다. 목사는 때때로 자신이 좋은 생각을 갖고 있더라도 조용히 하며 예배 인도자를 이해할 줄 알아야 한다. 서로 교통하는 것도 이 관계를 위하여 매우 중요한 요소이다. "두 사람이 뜻이 같지 않은데 어찌 동행하겠으며"(암 3:3). 서로 열린 교통이 없을 때 관계는 단절된 것이다. 만약 목사가 예배 인도자의 눈에 보이는 무감각 때문에 곤란해 있다면 그런 문제는 목사와 인도자 사이를 다소 멀어지게 할 것이다. 만약 예배 인도자가 목사의 기대에 못미쳐 좌절한다면 그 유일한 해결책은 정직과 사랑의 교통을 통해 찾을 수 있다. 예배 인도자는 어떤 특별한 사항들에 대하여 목사에게 배워야 한다. 그 교회의 비전을 알고 품을 수 있어야 한다. 그의 사역이 교회 구성과 관련되어 어떻게 나타나야 하는지를 알아야 한다. 자신의 영적 능력을 알고 자신에게 허락된 일의 범위를 인지하여 그 범주 내에서 일해야 한다. 예배 인도자는 무지개 같은 화려한 비전을 갖지 않도록 주의해야 한다. 왜냐하면 그는 매우 눈에 띄고 칭찬받을 수 있는 자리에 있기 때문이다. 목사에 대해 불만을 가진 사람들의 대변인 노릇을 해서도 안 되고 자격이나 지위에 매달려서도 안 된다. 예배 인도자는 종이요, 사역자요, 도와주는 사람이 되어야 한다.

● 주 연주자

주 연주자(The Chief Musician: 악기를 연주하는 사람이 많은 경우 그 연주자들을 이끄는 악장의 역할)와 예배인도자가 동일인일 경우에는 문제가 안 되지만, 예배인도자와 주 연주자가 다른 두 사람일 경우 몇 가지 생각할 사항이 있다. **첫째**, 예배 인도자는 대부분 그의 영적 감각 때문에 선발되고 주 연주자는 그의 음악적 전문성 때문에 선택된다. 어떤 유능한 연주자는 기교적인 능력 면에서는 예배 인도자보다 뛰어난다. 그러나 음악적으로 능력 있다고 해서 경배를 인도할 만한 영적 감각이 있는 것은 아니다. **둘째**, 예배 인도자와 주 연주자가 모두 있을 때 회중 모임에는 통솔력이 필요하며 한 명의 인도자가 확정되어야 한다는 사실을 염두에 두어야 한다.

주 연주자는 악기 연주에 탁월한 음악가여야 하며 오케스트라를 지휘할 수 있어야 하며 또한 회중 경배를 인도할 수 있어야 한다. 두 위치 모두 중요하고 필요하다. 예배 인도자의 인도가 없다면 예배는 건조하고 피상적이 될 것이다.

● 연주자들

반주자(accompanist)라고 하며 〈역대상〉을 보면 다윗은 성막에서의 음악 사역에 대해 매우 신중을 기하고 있다. "다윗이 레위 사람의 어른들에게 명령하여 그의 형제들을 노래하는 자들로 세우고 비파와 수금과 제금 등의 악기를 울려서 즐거운 소리를 크게 내라 하매"(대상 15:16). "또 저희와 함께 헤만과 여두둔 을 세워 나팔과 제금들과 하나님을 찬송하는 악기로 소리를 크게 내게 하였고 또 여두둔의 아들로 문을 지키게 하였더라"(대상 16:42) **세우고**, **책임을 주고**, **선택하고**, **임명하는** 다윗을 보자.

우리는 음악 사역의 중요성을 인식하기 시작해야 한다. 음악을 하는 사람들은 교회 생활에서 매우 영향력 있는 역할을 한다. 우리는 예배에서 많은 시간을 경배하는 데 사용한다. 연주자들과 예배 인도자들은 이런 일에서 매우 중요한 임무를 수행한다. 그들은 회중의 영적 생활에 직접 영향을 끼친다. 단순히 연주를 하거나 예배를 반주하는 음악가들이 아니라 '선도자'(initiators)이다. 아울러 음악가는 하나님을 좇는 마음이 있어야 하며 꾸준한 신자의 생활을 보여 주어야 한다.

우리는 교회 음악가들이 영적인 레위 족속의 일을 한다고 말한다. "레위"라는 말은 "연합하다"라는 뜻이다. 음악가들은 회중 사역을 담당하기 전에 자기 교회에서 마음과 영이 연합되어 있어야 한다. 마지막으로 고려해야 할 것은 연주자들의 연주 실력이다. "그들과 모든 형제 곧 여호와 찬송하기를 배워 익숙한 자의 수효가 이백팔십팔 명이라"(대상 25:7), "여호와의 악기를 가지고 섰으니"(대하 7:6), "(여호와의) 악기를 울려 여호와를 찬양하였으며"(대하 30:21).

● 팀원들이 해야 할 일들

연주가는 그들에 대한 기대를 받는가 하면 또한 책임이 있다(사실 이것은 예배팀을 이루는 모든 사람에게 해당된다). 우선 관계자들이 연습 시간에 출석하는 것은 매우 중요한 일이다. 연습 시간은 단지 음악적인 연습 이상의 의미가 있다. 연습 시간이 중요한 이유는 팀이 함께하고 마음과 영을 좀 더 하나로 모을 수 있는 시간을 마련하기 때문이다. 음악 연습이 필요하기는 하지만 그것이 주된 목적은 아니다.

전형적인 연습 시간은 대개 다음과 같은 사항들을 포함한다. **첫째**, 찬양과 경배이다. 연습 시간의 많은 부분을 함께 예배하는 데 사용해야 한다. 특히 팀이 새로 구성되어 공동의 비전을 찾고 있을 때는 더욱 그렇다. 팀이 하나님 앞에 함께 시간을 보낼 때 마음은 더욱 하나가 될 것이다. 이런 영적 하나 됨은 음악적으로 함께하는 것보다 더욱 중요시해야 한다. 이런 하나 됨을 통하여 능력과 효과적인 영적 예배가 나온다. **둘째**, 성경 공부이다. 팀은 음악 사역에 대한 성서적인 개념을 배워야 한다. **셋째**, 토론이다. 예배에 대한 비전을 나누는 일과 단원들의 속마음까지 나눌 수 있는 기회가 있어야 한다. 이런 토론을 통해 공동의 목표와 생각을 알 수 있다. **넷째**, 기도이다. 팀이 기도하지 않는다면 그 모임은 보통의 수준을 넘지 못할 것이다. **마지막**으로는 음악 연습이다. 이 항목을 제일 마지막에 두었지만 그 중요성은 간과할 수 없다. 〈역대하〉 5장 이야기는 솔로몬이 성전에서 노래하는 자와 연주하는 자들이 하나님의 찬양을 높이기 위해 연합했을 때 하나님의 영광이 얼마나 충만했었는가를 보여 주고 있다. "노래하는 레위 사람 아삽과 헤만과 여두둔과 그의 아들들과 형제들이 다 세마포를 입고 제단 동쪽에 서서 제금과 비파와 수금을 잡고 또 나팔 부는 제사장 백이십 명이 함께 서 있다가 나팔 부는 자와 노래하는 자들이 일제히 소리를 내어 여호와를 찬송하며 감사하는데"(대하 5:12~13). 성경은 계속 말한다. "나팔 불고 제금 치고 모든 악기를 울리며 소리를 높여 여호와를 찬송하여 이르되 선하시도다 그의 자비하심이 영원히 있도다 하매 그 때에 여호와의 전에 구름이 가득한지라"(13~14절). 연주자와 노래는 자들이 영적으로 음악적으로 하나가 되었을 때 하나님의 영광이 제사장들에게 임했다. 당신은 어떻게 그들이 음악적, 영적으로 하나가 되는 경지에 이르렀다고 생각하는가? 우연히 그렇게 되었을까? 성령의 기름부음으로? "자, 뒤에 있는 남자들은 베이스를 하세요. 이쪽에 있는 남자들은 테너를 하고 여성들은 모두 소프라노를 하세요. 손을 드세요. 자, 연주자가 몇 명이나 되는가 봅시다." 이렇게 말했을까? 그렇지 않다. 그들은 연습을 통해 하나가 되었다. 그들은 연습하고, 연습하고 또 연습했다! 솔로몬은 이 장엄한 순간에 모든 화려함과 조직과 정확함을 다해 봉헌하려 했다. 그러므로 연주자들은 먼저 연습이 잘되어 있어야 한다. 하나님의 영광이 나타났을 때 그들은 그 연습에 합당한 열매를 거두고 있는 것이다. 이 이야기가 우리에게 분명히 보여 주는 사실이 있다. 하나님은 조직과 계획과 정확함에 반대하시는 분이 아니라는 것이다. 하나님은 질서의 하나님이시다. 그리고 질서정연한 예배에 응답하신다. 팀원은 예배 전 기도 모임에도 참석해야 한다. 이 기도 시간은 교회마다 다를 수 있다. 그러나 예배가 시작하기 전 연주자들과 노래하는 사람들이 한 영이 되는 이 시간은 매우 중요하다. 예배 전 기도 시간은 팀원 각자가 예배를 위해 개인적으로 준비하게 만들며 성령님이 자신을 조율하는 기회가 된다. 이 시간은 팀을 하나의 영과 하나의 목적으로 연합하게 하고 모임을 위해 중보기도하는 기회가 된다.

팀 사역에는 확실한 약속이 있어야 한다. 이 약속은 각 교회마다 다를 것이다. 그러나 이 사역을 올바른 관점에서 파악하고 있다면 팀원 하나하나의 약속은 신중하고 신실하게 행해져야 한다. 열정적인 자세, 협동의 자세가 필요하다. 팀원 상호 간의 협력뿐만 아니라 팀 사역이 계속적으로 성공하기 위해서 그들은 지도 체제와도 적극적으로 협력해야 한다.

팀원들은 다른 사람으로부터 수정과 가르침을 받기 위해 계속 마음을 열어 놓아야 한다. 우리가 "가르치는 영"을 얼마나 귀하게 여기는지요! 끝으로 각 연주자는 음악적으로 열려 있어 전체 팀과 조화를 이루기 위하여 자신의 스타일을 기꺼이 바꿀 수 있어야 한다. 이것은 다루기 힘든 부분이다. 왜냐하면 음악가의 연주 스타일에 대하여 말하는 것은 대부분 개인적으로 상처를 줄 수 있기 때문에 이 부분에 매우 민감하다. 자신의 스타일에 대해 말하는 것은 자신의 인격을 비난하는 일이라고 생각한다. 그러므로 처음부터 모두가 자신의 음악적 스타일에 기꺼이 열려 있어야 한다는 사실을 충분히 이해해야 한다. 만약 처음부터 이런 문제에 대하여 올바른 이해가 있었다면 나중에 개인적인 스타일에 대한 문제를 말하기가 훨씬 쉬울 것이다. 각자는 그룹 안의 합력을 위해서 자기의 음악적인 멋과 기발함도 포기할 줄 알아야 한다. 연주자들은 자신의 주위에 있는 소리들을 들을 수 있고 또 자기가 다른 악기들과 어떻게 균형을 맞춰 나가야 할 것인지에 대하여 적절한 지시를 받는다면 모두 한마음으로 움직이기 시작할 것이다.

어떤 파트는 준비 없이 자연적으로 그리고 예언적으로 연주할 수도 있다(예를 들면 트럼펫 파트) 주일 아침은 연주자들이 자신들의 즉흥 연주 실력을 과시하는 시간이 아니다. 그들은 모든 노래에 자신들이 할 수 있는 화려한 장식을 지나치게 해서는 안 된다. 예배하는 연주자는 자기 연주 실력에 사람들의 관심을 끌기 위해 연주하는 것이 아니라 조금이라도 예배의 흐름에 기여하기 위해 몰두해야 한다. 때때로 연주자는 서서 손을 들고 예배하므로 연주하고 싶지 않을 수도 있다. 만약 악기를 화려하게 연주하고 싶은 갈증이 있다면 토요일에 그 갈증을 풀어라. 주일에는 성령의 역사에 의해 함께 연주하기도 하고 삼갈 수도 있어야 한다.

● 노래하는 사람들

예배팀에서 노래하는 자들이 주로 해야 할 일은 회중이 경배할 수 있도록 시각적 감화를 위해 앞에 서는 것이다. 그들의 얼굴 표정은 모두 "성령의 강이 오늘 너무 부드럽고 신선해요. 당신들도 뛰어 들어오세요!"라고 말해야 한다. 그들의 주요 의무는 그리스도의 기쁨과 평화를 발산하는 것이다. 음악적 재능은 그다음이다. 노래하는 자들은 팀에 임명되어야 한다. 몹시 눈에 띄는 일이므로 지원자를 받아서는 안 된다. 대개 노래하는 사람들은 목소리가 좋고 화음을 이룬다는 이유로 예배팀에 임명된다. 이런 사람들은 함께 일하는 모든 사람에게 곤란을 줄 수 있다. 왜냐하면 그들은 자신이 팀에 있어 줌으로써 교회와 하나님에게 호의를 베풀고 있다고 생각하기 때문이다. 여기서 우리는 다시 한 번 생각할 것이 있다. 그들이 예배자인가 하는 것이다. 두 번째로 생각할 것은 그들의 얼굴이 밝은가 하는 점이다. 어떤 사람들은 진정한 예배자이지만 그들이 경배할 때 고통 가운데 있는 것처럼 보이기도 하다. 그런 사람들은 하나님의 임재를 진정 즐거워 할 수 있을지는 모르지만 시각적으로 좋은 인상을 주지는 못한다. 어떤 사람들은 경배드릴 때 금방 얼굴이 빛나는 사람이 있다. 그들은 경배하면서 애써 노력하지 않아도 잘 웃는다. 얼굴이 밝다. 예배팀은 이런 사람들이 있어야 한다. 저는 팀에 넷 또는 그 이상 노래하는 사람들을 추천한다. 그러나 얼굴을 밝게 할 줄 아는 두 사람이 있다면 그 두 사람을 택할 것이다.

노래하는 사람들은 찬양하고 예배하는 데 자유로워야 한다. 손을 들 수도 있고, 춤을 출 수도, 무릎을 꿇을 수도 있다. 그 외 여러 가지 모습으로 자유롭게 경배드릴 수 있어야 한다. 그들은 경배의 본보기이기 때문에 다른 사람들이 따라할 것이다. 탁월한 목소리를 갖고 있지만 영적인 자유함이 없는 열 명의 노래하는 사람을 선택하겠다. 비록 음악적 재능은 두 번째 문제지만 관심을 가져야 한다. 예배 중에 화음을 넣어 노래할 수 있는 사람이 있다면, 특히 그 하모니가 마이크를 통해 나갈 때 매우 효과적이다(특히 알토와 테너). 새로운 노래를 회중에게 가르칠 때 사람들은 단순하게 한 성부가 아닌 세 성부의 화성을 들으며 열정적으로 노래를 배울 것이다. 화성은 노래하는 데 또 다른 느낌을 더해 준다. 얼굴도 밝고 화음도 잘 넣을 줄 아는 음악가들을 선택한다면 이상적입니다. 우리는 마이크 사용하는 문제에 대하여 여러 번 이야기했다. 노래하는 사람들이 마이크를 사용하면 몇 가지 장점이 있다.

첫째, 안정성이다. 무대에 그냥 서 있는 것보다 마이크 뒤에 서 있을 때 더 안정감을 느끼게 된다. 노래하는 사람들은 그들 앞의 마이크와 함께 보다 빨리 마음을 열고 여유를 찾을 수 있다. **둘째**, 정당성을 얻는다. 어떤 사람에게 마이크가 주어졌을 때 모든 사람은 그가 예배팀의 정당한 위치에 있다는 것을 알 것이다. 마이크와 함께 즉시 권위가 오는 것이다. **셋째**, 예언적 노래이다. 만약 팀 중의 어떤 사람이 예언적 노래를 부른다면 그 노래가 확성될 때 많은 사람이 보다 쉽게 들을 수 있다. **넷째**, 소리가 파워 있다. 노래하는 사람들은 멜로디를 노래하거나 부드럽고 영감 있는 하모니로 노래함으로써 경배 인도자를 지원할 수 있다. 만약 팀 중에 주님으로 인한 기쁨을 잘 발산하기는 하지만 노래는 잘 못하는 사람이 있다면 해결책은 간단하다. 그 사람에게 마이크를 주되 소리는 나가지 않도록 꺼 버리면 된다. 회중은 그 노래하는 사람이 경배자라는 사실에 은혜를 받겠지만 그 사람이 노래를 잘 못한다는 사실은 눈치 채지 못할 것이다.

노래하는 사람들의 소리는 음향 시스템을 초과하여 너무 크게 들려서는 안 된다. 만약 시스템의 소리가 너무 크면 노래하는 사람들이 회중 소리를 듣지 못할 것이다. 우리는 청중의 소리를 몇몇 선택된 사람들의 확성된 소리와 바꾸고 싶지는 않다. 노래하는 사람들은 회중을 부추겨서 그들이 마음을 열고 하나님에게 찬양하도록 하기 위하여 그곳에 있는 것이다. 회중은 그 장소에서 목소리 큰 그 사람 혼자 노래하고 있다고 느끼면 열정적으로 노래하지 못하고 침묵하게 될 것이다. 노래하는 사람들의 음량을 잘 조정할 때 우리는 찬양의 소리들에 휩싸여 있다는 느낌과 분위기를 조성할 수 있다. 그런 분위기에서 사람들은 마음을 열 것이고 찬양은 점차 고조 될 것이다.

● 그 외 단원들

교회의 댄스팀도 예배팀의 한 부분으로 간주되어야 한다. 그들도 연습에 참가하여 그룹 공동의 비전을 나눌 수 있어야 한다. 연주자들과 노래하는 사람들에게 적용되었던 영적 생활과 동기, 자세 등이 댄서들에게도 똑같이 적용된다. 예배에서의 댄스 연주 예술이 아니라 사역임을 명심해야 한다.

음향 기술자가 연습에 참가 할 때 그는 시스템을 마치 예배가 진행 중인 것처럼 조정해 놓아야 한다. 음향 시스템의 많은 문제는 주일 아침 예배 시간이 아니라 이 연습 시간에 풀릴 수 있다. 음향 기술자는 모든 예배 전에 모든 마이크를 잘 장치되었는지 확인해야 한다. 어떤 교회들은 도둑을 방지하기 위하여 예배가 끝난 후 자기 마이크를 떼는 경우가 있다. 물론 모든 예배 전에 소리를 점검하는 것은 훌륭한 생각이다.

예배 인도자는 예배 시간 내내 깨어 있어야 한다. 목사가 예고도 없이 꺼져 있는 마이크를 사용하려고 할 때가 있다. 생각하지 못한 쪽에서 예언적 말씀이 튀어 나올 때도 있다. 그럴 때는 다른 마이크를 살려야 한다. 예배 중에 5초 정도 귀청이 떨어질 듯한 울림이 있을 때가 있는데 이때 사람들은 누구나 음향 기술자의 역할이 매우 중요하다고 느낀다. 팀의 또 다른 중요한 멤버는 OHP나 환등기(Slide Project)를 조정하는 사람이다. 예배 중에 혼란을 최소화하기 위하여 이 사람의 역할은 중요하다. PPT

자막 담당자는 기꺼이 시간을 내어 악보들을 정리하고, 없는 것은 구비해 놓아야 한다. 대부분의 교회에서 음악적인 사람들은 오케스트라와 성가대에 포함시키고 음악적 자질이 없는 사람에게 이 일을 맡긴다. 경험상 비음악적인 사람이 이 일을 맡게 되면 실패한다. 왜냐하면 이 일도 음악적인 자리이기 때문이다. PPT 자막 담당자는 노래를 할 줄 알아야 하며 교회에서 부르는 노래를 신속히 알아 챌 수 있도록 산지식이 있어야 한다. 이 사람은 연습에 참석할 필요는 없지만 예배 인도자와 긴밀하게 협력해야 한다. 이 자리는 예배 인도팀에 소속되어야 한다.

2. 팀 사역의 전망

예배는 연주가 아니다. 강대상에 있는 사람들이 그 예배에서 자유함을 경험했다고 그 예배가 성공적인 것은 아니다. 회중 전체가 하나님의 임재 안에서 자유함을 느끼지 못했다면 성공한 것이 아니다. 예배 인도팀은 예배에서 자신들이 거기 서 있는 이유가 예배를 독차지하기 위해서가 아니라 회중을 보다 높은 찬양으로 인도하기 위해서라는 자신들의 역할에 대하여 바른 생각을 유지해야 한다.

팀은 회중이 자신들과 함께하도록 보살펴야 한다. 비록 팀이 모두 상기되어 예배드릴 준비가 되어 있을지라도 회중은 대개 그와 같은 정도로 준비되어 있지 않다. 팀은 지금 회중이 있는 위치에서 시작해야 하며 그들을 주님이 계신 산까지 끌어 올려야 한다. 팀은 자기들끼리만 무엇을 하는 것이 아니라 회중에게 손을 뻗고 또 주님에게 손을 뻗친다. 그리고 하나님의 은혜로 주님과 회중이 함께 하도록 만들어야 합니다. 예배팀은 하나님의 백성을 "찬양의 문"(사 60:18)을 통해 그의 임재까지 인도하도록 하나님으로부터 부름 받은 것이다. 팀은 길을 개척해 나가고 회중은 좇아온다. "길을 여는 자가 그들 앞에 올라가고 그들은 길을 열어 성문에 이르러서는 그리로 나갈 것이며 그들의 왕이 앞서 가며 여호와께서는 선두로 가시리라"(미 2:13). 이 구절은 예배팀의 기능에 대하여 설명하고 있다. 예배팀은 회중이 따라 올 수 있도록 "길을 여는 자"이며 이때 "여호와께서 선두"에 계신다. 그저 우연히 발생하는 일이 아니다. 회중이 하나님의 임재 안으로 들어가게 하기 위하여 예배 때마다 생각과 계획이 있어야 한다. 이것이 우리가 왜 예배를 드리는가 하는 가장 중요한 이유이다. 그러므로 예배를 계획한다는 것은 아무리 강조해도 지나치지 않은 중요한 일이다.

III. 찬양과 경배팀의 조직 및 연습

　찬양과 경배의 사역은 팀 사역이다. 찬양경배 사역자들은 팀 사역의 중요성을 잘 인식하고 있어야 한다. 또 찬양 경배팀은 한 지체라는 생각을 가지고 있어야 한다. 남이 아니다. 그가 나이고 내가 그이다. 구약시대의 찬양 사역은 레위 지파가 담당했다. 레위라는 말은 '연합'한다는 말이다. 이 말은 하나님을 찬양하는 일은 똑똑하고 재능 있는 한 사람에 의해서 되는 일이 아니라는 것을 암시하고 있다. 물론 재능 있는 사람 혼자서 찬양 사역을 할 수도 있다. 또 그렇게 하는 것이 음악적으로 더 훌륭할 때도 있다. 그러나 하나님은 좀 부족하더라도 많은 사람이 한 몸이 되어 찬양하는 것을 더 좋아하신다. 팀 사역을 잘 감당하기 위해서는 다음과 같은 사항들을 지켜야만 한다.

1. 자기를 죽이고 남을 세울 줄 알아야 한다

　음악 연주는 표현되는 것이기 때문에 남에게 금방 나타난다. 그래서 연주자가 음악에 빠지다 보면 자기 혼자만의 연주 실력을 드러내고 싶을 때가 많다. 다른 사람의 연주는 잘 인정하지 않으려는 경향도 있다. 그러나 찬양경배 사역자들은 자신들이 지금 음악 공연을 하는 것이 아니라는 사실을 항상 인식하고 있어야 한다. 자신을 나타내는 시간이 아니라 하나님을 나타내는 시간이다. 내 소리가 커지는 시간이 아니라 남의 소리가 크게 되도록 도와주는 시간이다.

찬양경배 사역자들은 '나는 반주자이다.'라는 생각을 갖고 있어야 한다. 연주팀은 노래팀의 찬양을 반주하는 것이며, 찬양팀은 회중의 찬양을 반주하는 것이다. 회중이 하나님을 가장 잘 찬양하고 경배할 수 있도록 그들을 세워 주는 것이다.

2. 인도자에게 순종할 수 있어야 한다

찬양경배 인도자는 고도로 훈련된 음악가일 수도 있고 그렇지 않을 수도 있다. 음악적인 훈련을 받았다 할지라도 모든 악기에 능통할 수는 없다. 반면 찬양팀의 악기 연주자나 노래하는 사람들은 그 분야가 자신들의 전공이며 그 분야의 전문가일 수 있다. 이때 자기 전공을 내세워 인도자의 인도를 무시하는 경우가 있을 수 있다는 말이다.

찬양팀들은 인도자에게 음악적인 조언을 할 수 있다. 그러나 최후의 결정은 인도자에게 맡겨야 한다. 인도자의 권위를 인정해야 한다. 그렇게 하지 못한다면 효과적인 팀 사역은 이루어지지 않는다.

3. 교회 담임 목사와의 관계를 분명히 해야 한다

찬양경배팀은 교회 안에 소속되어 있는 한 단체임을 분명히 해야 한다. 교회 안에는 많은 지체가 다양한 사역을 하고 있다. 찬양경배 사역은 눈에 띄는 사역이기 때문에 회중의 관심을 단박에 끌게 된다. 특히 인도자는 많은 사람의 인기를 독점할 수도 있는 위치에 있다. 이 위치가 교만해질 수 있는 위치임을 기억해야 한다. 찬양팀이 회중의 사랑을 받게 되면 더욱 겸손해지도록 애쓰고 노력해야 한다. 그렇지 않으면 경배자가 아니라 루시퍼로 변질될 수도 있으니까 말이다. 실제로도 찬양 사역자, 지휘자들 중에서 담임 목사의 권위에 도전하는 사람을 많이 보았다. 찬양팀이 한 그룹이 되어 일정한 사역을 수행하게 되면 집단 역학(group dynamics)에 의해 그룹 자체에 힘이 생기게 된다. 찬양팀 내의 질서가 중요하듯이 찬양팀은 교회 안의 질서를 존중해야 한다.

찬양경배에서 목사의 위치는 매우 중요하다. 찬양경배 사역이 전통적인 교회에 정착하느냐, 못 하느냐는 거의 담임 목사에게 달려 있다고 해도 과언은 아니다. 먼저 담임 목사가 찬양경배에 적극 참여해서 경배자가 되어야 한다. 적극적으로 찬양하는 모습이 성도들에게 보여져야 한다. 목회자들 중에는 예배의 찬양 시간을 자신의 설교에 대한 반응을 점검하는 시간으로 사용하는 사람이 있다. 또는 예배 장소를 떠나 교회의 이곳저곳을 시찰하는 시간으로 사용하는 사람도 있다.

IV. 찬양과 경배팀의 구성

찬양과 경배는 팀 사역이다. 팀은 크게 네 부분으로 구성되어 있다.

1.찬양과 경배 인도자(Worship Leader)

2. 악기팀(Instrumentalists)

3. 노래팀(Singers)

4. 스태프(Staff)

댄스팀, 연극팀, 찬양경배 위원회가 첨가될 수 있다.

---

1. 찬양과 경배 인도자

1) 인도자는 예배자여야 한다.

2) 인도자는 음악적 자질이 있어야 한다.

3) 인도자는 지도력이 있어야 한다.

4) 하나님에게 순종할 수 있는 영적 민감성이 있어야 한다.

5) 인도자는 훈련할 수 있어야 한다.

2. 악기팀

예배팀은 영적인 부분과 함께 음악적인 부분이 매우 중요한다. 음악성과 영성은 사실 별개의 문제이다. 그러나 좋은 음악의 뒷받침이 없다면 찬양과 경배 사역을 효과적으로 수행할 수 없다. 박자, 음정이 약간씩 안 맞는 것을 일반 회중이 금세 느낄 수는 없다고 하더라도 부드러운 영적 흐름에 방해가 되기 때문이다. 찬양팀의 음악 실력은 악기 연주자의 연주 실력에 달려 있다. 그러므로 가능하면 찬양과 경배의 악기 연주는 전문가가 맡는 것이 바람직하다.

한국과 미국 찬양 사역의 차이점 중 하나는 악기 연주자에 있다. 한국 교회의 찬양 사역자들 중 악기 연주자는 대부분 비전문가들이다. 어렸을 때 피아노를 좀 쳤다거나, 기타를 좀 튕겨 본 적이 있는 청년, 음악에 좀 소질이 있는 청년들이 찬양과 경배 사역을 시작하는데 반해 미국 교회의 찬양과 경배 사역자들은 그 악기의 전문가들이며, 청년층보다는 장년층이 많다. 찬양과 경배 사역이 열매를 맺으며 꾸준히 지속될 수 있는 것이다. 미국의 좋은 찬양곡을 번역해서 한국 교회에서 찬양을 드릴 때, 그 기분이나 영적 감흥이 제대로 잘 안 일어나는 이유는 단지 언어의 차이 때문만은 아니다. 그것은 악기 연주 실력의 차이 때문이다. 인도자가 매우 영적이고, 회중의 열기 또한 대단하며, 미국 교회가 사용한 것과 똑같은 악기 제작사의 악기들을 사용한다 해도 정작 악기를 연주하는 실력이 없으면 그 사역은 음악적으로 뒷받침되지 않는다. 찬양과 경배 사역자들은 악기를 성령의 도구로 사용할 줄 알아야 한다.

● 찬양과 경배에서 사용되는 악기

현대 찬양에 사용되는 악기

- 현악기 – 바이올린 , 비올라, 첼로, 콘트라베이스, 하프, 기타
- 관악기 – 플루트, 클라리넷, 오보에, 바순, 색소폰, 트럼펫, 트롬본, 튜바
- 타악기 – 팀파니, 드럼셋, 탬버린
- 건반악기 – 오르간, 피아노, 신디사이저
- 전자악기 – 일렉기타, 베이스기타, 신디사이저, 전자 피아노, 전자 드럼
- 민속악기 – 봉고, 시스트럼, 귀로, 장고, 징

3. 노래팀

찬양경배 인도자와 함께 앞에 서서 노래하는 사람들이 있다.

노래팀의 목적

① 회중이 경배할 수 있도록 돕는다.

② 인도자의 의도를 회중에게 전달하는 역할을 한다.

③ 기도하는 일이다.

노래팀의 중요한 임무는 중보기도하는 일이다. 인도자가 예배를 인도하는 동안 성령님이 임재하시도록 끊임없이 중보해야 한다.

④ 노래하는 일이다.

노래팀은 적극적으로 노래할 수 있어야 한다. 우선 가사에 자신이 있어야 한다. 코러스는 대부분 간단한 곡들이기 때문에 가능하면 모두 암기해서 불러야 한다.

성경에 나타난 찬양 연주 방법(Bible worship)

〈시편〉에는 소리로 드리는 찬양, 손으로 드리는 찬양, 몸으로 드리는 찬양, 영으로 드리는 찬양 연주 방법이 있다.

① 소리로 드리는 찬양

• 노래로 찬양(Sing)

"내가 평생토록 여호와께 노래하며 내가 살아 있는 동안 내 하나님을 찬양하리로다"(시 104:33).

• 말로 찬양(Speak)

"내 입이 여호와의 영예를 말하며 모든 육체가 그의 거룩하신 이름을 영원히 송축할지로다"(시 145:21).

성구를 선포하는 것도 말로 찬양하는 방법이다. "아멘!", "할렐루야!", "예수님 사랑해요!", "주여 감사합니다!", "주는 거룩하십니다!", "전능하신 하나님, 찬양을 받으시 옵소서.", "성령 하나님, 임하시 옵소서.", "호흡이 있는 자마다 여호와를 찬양 할지어다." 이런 말로서 하나님을 찬양하는 것이다.

• 외침으로 찬양(Shout)

"너희 의인들아 여호와를 기뻐하며 즐거워할지어다 마음이 정직한 너희들아 다 즐거이 외칠지어다"(시 32:11) 사람들은 즐거우면 소리가 높아지기 마련이다. 잔칫집이 조용한 법은 없다. 축제란 좀 소란스러운 것이다. 그런데 성경 곳곳에는 "외치라!"는 말이 있다.

하나님도 우리 인간들을 너무 사랑하셔서 그 기쁨을 참지 못하시고 외치신다.

〈스바냐〉 3장 17절에 나오는 "너로 말미암아 즐거이 부르며 기뻐하시리라"는 말씀에서 "즐거이 부르며"는 '린나'(RINNAH)의 뜻이다. 똑같은 단어가 14절에도 쓰였는데 "이스라엘아 기쁘게 부를 지어다"(Shout)로 번역되었다.

② 손으로 드리는 찬양

• 손을 들고 찬양(Lift)

"주를 향하여 손을 펴고 내 영혼이 마른 땅 같이 주를 사모하나이다"(시 143:6).

손을 들고 찬양 드리게 되면 몇 가지 장점이 있다. 첫째, 하나님에게 집중할 수 있다. 둘째, 예배에 적극성과 자유함이 생긴다. 손을 드는 방법도 다양한다.

• 악기로 찬양(Play Instruments)

"나팔 소리로 찬양하며 비파와 수금으로 찬양할지어다 소고 치며 춤 추어 찬양하며 현악과 퉁소로 찬양할지어다 큰 소리 나는 제금으로 찬양하며 높은 소리 나는 제금으로 찬양할지어다"(시 150:3~5).

모든 악기로 하나님을 찬양할 수 있다.

• 손뼉치며 찬양(Clap)

"너희 만민들아 손바닥을 치고 즐거운 소리로 하나님께 외칠지어다"(시 47:1).

손으로 드리는 찬양 중 가장 보편적인 방법은 손뼉을 치는 것이다. 어떤 사람이 무언가를 잘하면 손뼉을 쳐 준다. 손뼉은 칭찬과 격려의 의미가 있다. 또 사람이 기쁠 때는 자연스럽게 손뼉을 치게 된다.

③ 몸으로 드리는 찬양

• 서서 찬양(Stand)

"할렐루야 여호와의 이름을 찬송하라 여호와의 종들아 찬송하라 여호와의 집 우리 여호와의 성전 곧 우리 하나님의 성전 뜰에 서 있는 너희여"(시 135:1~2).

우리에게 예배는 앉아서 드리는 것이라는 고정관념이 있다. 아마 예배는 설교를 듣는 시간이라고 생각해서 그런 것 같다. 그러나 구약성경의 예배는 앉아서 드리는 것이 아니었다. 여호와의 집에 서서 드리는 것이다.

서 있는 자세는 깨어 있다는 것을 의미한다. 가능하면 찬양 드리는 시간에 서서 찬양 드리자. 그러면 더 자유롭게 찬양할 수 있다. 그러나 이것도 억지로 하지는 마라.

• 무릎 꿇고 찬양(Bow)

"오라 우리가 굽혀 경배하며 우리를 지으신 여호와 앞에 무릎을 꿇자"(시 95:6).

무릎을 꿇는 다는 것은 상대방의 권위를 인정하고 그에게 순종하겠다는 표시이다.

• 춤추며 찬양(Dance)

"춤 추며 그의 이름을 찬양하며 소고와 수금으로 그를 찬양할지어다"

(시 149:3).

춤은 몸으로 찬양하는 것이다. 우리 인간은 하나님을 찬양하기 위해서 창조 되었다. 우리는 우리의 모든 것을 사용해서 하나님에게 찬양드릴 수 있다. 다윗왕은 하나님 앞에서 힘을 다하여 춤을 추었다(삼하 6:14).

④ 영으로 드리는 찬양

• 높은 찬양(High Praise)

"내가 나의 입으로 그에게 부르짖으며 나의 혀로 높이 찬송하였도다" (시 66:17).

여기서 "높이 찬송", 〈시편〉 149편 6절의 "존영"(개역한글)은 '로맘'이라는 단어의 번역이다. 이 말은 영어로 모두 'High Praise'로 번역되었다.

사도바울이 말하는 "시와 찬송과 신령한 노래"(엡 5:19)에서 '신령한 노래'가 바로 이런 종류가 아닌가 생각한다.

• 묵상 찬양(Meditation Praise)

"나의 평생에 여호와께 노래하며 나의 생존한 동안 내 하나님을 찬양하리로다 나의 묵상을 가상히 여기시기를 바라나니 나는 여호와로 인하여 즐거워하리로다"(시 104:33~34, 개역한글).

여기에서의 "묵상"이 묵상 찬양을 의미하는지는 확실하지 않다. 그러나 33절과 연결해서 보면 34절의 "묵상"은 찬양이 아닐까 하는 생각을 갖게 한다. 34절이 묵상 찬양을 의미하는 것이 아니더라도 우리는 묵상으로 찬양을 드릴 수 있다.

4. 스태프

1) 악보 담당자

2) 음향 담당자

3) 조명 담당자

4) 영상 담당자

5. 기타

미국의 대표적인 찬양경배팀의 편성

- 시카고 윌로우크릭교회(Willow Creek Church)의 찬양팀 편성
- 인도자
- 2관 편성의 오케스트라 + 리듬 부문(피아노, 베이스, 드럼, 기타, 신디)
- 30명의 노래팀 + 찬양 성가대
- 맨해튼 타임스퀘어교회(Time Square Church)의 찬양팀 편성
- 인도자(악기 없이 인도)
- 피아노, 2명의 신디 연주자가 각각 2대씩 연주, 드럼, 베이스 기타, 테너 색소폰
- 10여 명의 노래팀(마이크) + 60여 명의 찬양 성가대
- LA 빈야드교회(Vineyard Christian Fellowship)의 찬양팀 편성
- 인도자(대개 통기타로 인도)
- 신디 2대, 드럼, 베이스기타, 전기기타, 색소폰(그 외 많은 악기가 준비되어 있다)
- 2명의 노래하는 자 (전문적인 가수)
- 뉴욕 브룩클린 태버너클교회(The Brooklyn Tabernacle)의 찬양팀 편성
- 인도자(악기 없이 인도)
- 신디 3대(1대는 전자 피아노), 드럼, 베이스기타, 전기 기타, 트럼펫, 봉고
- 3명의 노래팀(마이크) + 찬양 성가단 200명

V. 찬양팀 악기 편성 및 연습 모임

1. 악기 편성

- 드럼(Drum)
- 리듬의 기초를 공급하며 박자를 주도한다.
- 템포를 이끌어 간다.
- 곡의 상승, 하강하는 흐름을 주도한다.

- 기타(Guitars)

* 베이스기타(Bass Gt.)
- 화성의 기초를 공급한다.
- 드럼의 '킥패턴'과 일치해서 완성된 '패턴(리듬)'을 이룬다
- 선율적인 리듬을 담당한다.
- 전위적 형태의 베이스 라인을 살리면 더욱 좋은 선율이 만들어진다.

* 일렉기타(Elec Gt.)
- 선율 : 솔로(solo) 즉흥 연주(너무 크지 않게)/강조될 섹션에 베이스

(Bass)와 중복하여 연주

   - 리듬 : 단음 혹은 두음으로 연주한다.

   • 피아노 (E. Piano)

   - 화성, 리듬, 선율 세 가지가 어우러진 형태로 연주

   - 다소 무게 있고 어택이 강한 리듬

   - 전주, 간주(멘트, 기도)를 맡아 팀 전체를 이끈다.

   • 신시사이저(Synthesizer), 오르간(Organ): 선율, 화성, 리듬

   - 선율 : 오보에, 플루트, 호른 등 솔로 악기 대용

   - 화성 : 스트링(String), 패드(pad), 오르간(Organ) 등

   - 리듬 : 브라스(Brass), 오르간(Organs), 신디(Synch), 퍼커션
(Percussion) 등

2. 예배팀 모임

1) 함께하는 예배 시간

2) 음악 연습

- 개인 연습

- 팀 연습

3) 기도

4) 피드백(Feed back)

   - 충분히 열려 있는 마음으로 팀과의 나눔과 교제가 필요하다.

   - 서로의 '발을 씻기는 마음'으로 서로를 위로하며 격려함이 팀의 에너지를 높인다.

3. 영적 훈련

1) 말씀의 훈련

"새 노래로 그를 노래하며 즐거운 소리로 아름답게 연주할지어다"(시 33:3).

2) 기도의 훈련

- 음악 사역자의 영적인 수준은 그의 기도 수준을 뛰어넘을 수 없다.

- 찬양팀은 팀이 모여서 함께 드리는 기도의 수준을 뛰어넘어 사역할 수 없다.

- 팀의 공동적인 기도 생활은 그 팀을 구성하는 개인의 기도 생활의 수준을 뛰어넘을 수 없다.

3) 관계의 훈련

- 오픈된 삶

- 약속을 잘 지키기

- 언어 사용

- 순종의 훈련

4) 섬김의 훈련

사역은 혼자서 진행되는 것이 아니다. 두 사람 이상의 사역자가 모여 하나님의 뜻과 영광을 나타내는 찬양과 경배 사역자들의 훈련은 다른 사역자들보다 높은 훈련과 헌신도를 요구한다. 그러므로 사역은 반응과 표현으로 진행되지만 마음의 상태와 헌신의 자세는 섬김의 사역으로 진행되어질 때 팀은 연합과 하나 됨의 모임으로 원만하게 진행될 것이다.

4. 기획

찬양 경배의 연습에는 사역 후보자들이 함께 참여하면 좋다. 후보자들은 이런 시간을 통해서 실제 찬양 경배가 어떻게 이루어지는지 배울 수 있을 것이다. 때때로 담임 목사가 함께 참석해서 격려해 주고 조언해 준다면, 찬양 경배팀을 활성화하는 데 큰 도움이 될 것이다.

참고로 시카고 윌로우크릭교회의 찬양경배팀 연습 계획을 살펴보면 다음과 같다.

시카고 윌로우크릭 교회의 찬양경배팀 연습 계획

- **예배 17일 전**
기획위원회에서 노래를 선곡하고, 설교 주제의 개요, 음악, 드라마, 기타 다른 요소들을 담당할 사람들을 선정한다.
- **예배 11~16일 전**
찬양팀 연습에 사용할 찬양곡의 카세트를 녹음(MIDI 로 만든 트랙)
- **예배 11일 전**
찬양팀 첫 연습(화요일 저녁). 독창과 중창 연습, 기본적인 연습으로 사운드트랙을 만든다.
- **예배 5~10일 전**
찬양팀은 곡들을 암기. 오케스트라 부분을 작성한다.
- **예배 4일 전**
찬양팀 두 번째 연습(화요일 저녁). 노래, 악기 총 연습, 음악이 다듬어진다.
- **예배 1~3일 전**
주말을 준비하며 스스로 작업
- **예배 전날**
제작회의를 연다. 조명, 드라마, 기술, 음악 감독들이 이때 음악 감독은 기술 감독에게 음악을 조정할 수 있는 정보(독창, 악단 구성, 찬양팀 마이크 수)를 제공한다.
- **예배 몇 시간 전**
음향 점검. 각 찬양곡마다 두세 번씩 무대 연습을 한다.
- **평가**
기획팀은 그다음 화요일 비디오테이프를 보면서 지난 주말 예배를 평가, 비평한다.

---

1. 예배당 환경

청소상태
□ 1. 강대상과 강단 위치가 배열이 잘 맞는가?
□ 2. 본당 내 의자 밑에 주보나 휴지가 떨어져 있지는 않은가?
□ 3. 본당 입구 안내 데스크는 잘 정돈되어 있는가?
□ 4. 본당 진입로는 깨끗한가?

의자배열
□ 5. 의자 간의 간격은 적당한가?
□ 6. 의자 간의 정렬 상태는 양호한가?
□ 7. 강대상은 정 위치에 놓여 있는가?
□ 8. 강대상 및 강단에 불필요한 물건은 놓여 있지 않은가?
□ 9. 강대상 위에 있는 악기들의 청결 상태와 위치는 바른가?
□ 10. 강대상 위에 있는 물컵, 주보 등 물품들은 쓰기 좋게 잘 정리 되어 있는가?

부착물
□ 11. 본당 주위에 게시판 부착물은 정 위치에 있는가?
□ 12. 필요 없는 부착물이 부착되어 있지는 않은가?

오케스트라 위치
□ 13. 오케스트라 의자 위치는 잘 배열되어 있는가?
□ 14. 오케스트라 의자는 부족하지 않은가?
□ 15. 오케스트라용 보면대는 정 위치에 있는가?

지휘대 및 찬양대석
□ 16. 지휘대 및 성가대석은 잘 배열되어 있는가?
□ 17. 찬양대석 주변에 주보 등 불필요한 것이 떨어져 있지는 않는가?
□ 18. 피아노의 외부 상태는 깨끗한가?

장식
□ 19. 강대상 주위의 화분은 잘 배치되어 있는가?
□ 20. 예배에 필요한 물품들이 정 위치에 준비되어 있는가?

냉, 난방
□ 21. 예배 전에 냉, 난방의 온도를 적당히 설정하고 작동 상태를 확인했는가?
□ 22. 예배 중에 실내 공기는 쾌적한가?

비품 및 출입문 관리
□ 23. 예배 후에 각종 악기 및 조명, 마이크 등의 전원을 완전히 off했는가?
□ 24. 예배 후 각종 출입문 및 창문은 확실히 닫았는가?

조명
□ 25. 예배 전에 조명은 알맞게 켜져 있는가(실내등, 간접 조명까지)
□ 26. 강단 형광등이 켜져 있는지 확인했는가?
□ 27. 예배 진행에 맞춰 조명은 알맞게 조절 되고 있는가?
□ 28. 예배 후에 불필요한 조명은 소등했는가?

안내 및 헌금 봉사위원
□ 29. 안내위원이 필요한 인원만큼 준비되어 있는가?
□ 30. 안내위원이 진행 내용을 숙지하고 지정된 위치에서 봉사하도록 사전 교육을 받았는가?
□ 31. 안내 위원이 밝은 미소와 친절한 태도로 영접하였는가?
□ 32. 앞에서부터 차분하게 앉도록 안내하고 있는가?
□ 33. 앉기를 제한하는 라인을 적절하게 활용하고 있는가?
□ 34. 기도 시간에 입장을 제한하여 경건한 분위기를 유지하는가?
□ 35. 예배 전, 후 의자 정리등이 잘 이루어지는가?
□ 36. 헌금통의 개폐 여부와 입장 순서에 따른 헌금위원이 준비되었는가?
□ 37. 봉헌대는 잘 정리되었는가?
□ 38. 각 줄의 헌금함 위치가 맞았는가?
□ 39. 모든 봉사자가 기도로 시작되는가?
□ 40. 봉사자들의 위치에 늦어지지는 않았는가?
□ 41. 헌금봉투가 부족함이 없이 잘 정리되어 있는가?

성경 봉독자
□ 42. 선정된 성경 봉독자의 참석여부를 확인했는가?
□ 43. 개역개정판 성경과 본문이 맞는지 확인 했는가?
□ 44. 리허설을 통해 적절하게 봉사할 수 있도록 안내했는가?

강대상 준비물
□ 45. 강대상에 물과 수건은 준비되었는가?
□ 46. 예배에 필요한 찬양집과 주보 등을 준비했는가?
□ 47. 주보와 예배큐시트를 올려놓았는가?
□ 48. 담임목사님께서 광고하실 물품과 광고물을 미리 준비해 놓았는가?
□ 49. 예배 후에 강대상의 모든 것을 정리 및 회수했는가?

2. 미디어 환경

예배 전
□ 50. 강대상의 조명의 켜짐 상태는 정상인가?
□ 51. 스크린의 작동 상태와 내림 위치는 적당한가?
□ 52. 카메라의 작동 유무와 위치는 정상인가?

□ 53. 예배에 사용될 영상 자료(설교, 광고, 특별영상등)는 준비되어 정상적으로 진행되었는가?

□ 54. 본당 내 전체 조명은 적당한가?

□ 55. 방송실 내 조정 스위치와 배선의 안전 상태는 확인했는가?

예배 후

□ 56. 예배 후 광고 영상물이 제대로 시행되고 있는가?

□ 57. 카메라 위치와 조정이 적절하게 진행되었는가?

□ 58. 예배 후 퇴장시 질서 있게 퇴장이 되고 있는가?

□ 59. 예배 후 1층 카페에서 교구장들과 교제하며 기도를 받고 있는가?

□ 60. 예배 후 성전 안에 배경음악으로 경건한 분위기를 만들고 있는가?

3. 방송음향환경

□ 61. 예배순서(특송)에 맞춰 마이크를 설치했는가?

□ 62. 모니터 스피커가 바르게 연결되고 있는가?

□ 63. 예배 시간에 사용되는 마이크의 접촉 상태는 점검했는가?

음향조정 및 설교 녹음

□ 64. 예배에 들어가기 위한 찬양선곡은 적절한가?

□ 65. 예배가 진행 되는 시간에 음악효과나 선곡이 적절한가?

□ 66. 인도자 마이크와 성가대 마이크, 기도자 마이크는 잘 들려졌는가?

□ 67. 소 예배실, 각 기관의 사운드 스피커의 음량은 적당한가?

□ 68. 소 예배실과 2층의 모니터 TV 화질과 스피커 음량은 적당한가?

□ 69. 설교의 녹음 및 CD 재작, 유투브 영상 홍보는 잘 되고 있는가?

□ 70. 예배의 영상은 교회 홈피에 업데이트 되고 있는가?

□ 71. 영상 광고 및 특별 영상은 잘 진행되었는가?

4. 예배기획

예배 전

□ 72. 예배 진행을 위한 사전 조율이 큐시트에 충분히 반영됐는가?

□ 73. 선곡에 따른 찬양 및 연주는 준비되었는가?

□ 74. 예배 시간에 사용될 찬양 가사의 CG(자막)는 준비되었는가?(회중, 찬양, 성가대등)

□ 75. 설교와 관련한 자막과 영상 자료 콘텐츠는 준비되었는가?

□ 76. 주의 만찬(성찬식)등 예배 행사 프로그램이 적절하게 잘 진행되었는가?

□ 77. 설교 시 설교에 따른 자막이 잘 진행되었는가?

□ 78. 다음 예배를 위해 신속히 준비해야 할 것이 있는가?

□ 79. 예배 큐시트는 안내위원과 예배 담당자들에게 잘 전달되어 원활한 예배진행을 도왔는가?

□ 80. 절기에 따른 현수막이나 예배 분위기 조성이 잘 진행되었는가?

5. 찬양팀, 성가대

□ 81. 예배 중 부르 찬양이 찬양팀의 훈련과 진행으로 원활하게 되었는가?

□ 82. 주제에 따른 선곡(특별찬양, 특별프로그램, 특별절기)이 되어 있는가?

□ 83. 음향팀, 연주팀과의 리허설이 진행되었는가?

□ 84. 찬양과 관련한 가사자막이 방송팀과 사전 협의와 원활한 준비가 되어 진행되었는가?

□ 85. 찬양, 연주팀의 위치 등이 미리 정해졌는가?

□ 86. 인도자, 메인 보컬, 콰이어, 반주팀이 균형 있게 연주되었는가?

□ 87. 회중이 인도에 따라 예배찬양에 함께 동참되었는가?

□ 88. 사용한 마이크, 라인, 악기 등을 정리하고 제 위치에 옮겨두었는가?

□ 89. 사용했던 보면대와 마이크대는 정리되고 다음예배로 준비 될 수 있도록 정리되었는가?

6. 새신자 영접

□ 90. 새교우 영접 시 나눠 줄 교회 자료는 준비되어 있는가?

□ 91. 새신자가 부끄럽지 않게 새신자 영접위원들은 밝게 영접하여 꽃을 전달했는가?

□ 92. 새신자 카드를 작성하여 새가족실 담당자에게 전달되었는가?

□ 93. 새신자 식사 대접은 잘 진행되었는가?

□ 94. 새가족실은 청결 상태가 잘 유지되었는가?

□ 95. 사진촬영은 담임목사님과 잘 진행되고 있는가?

□ 96. 지난 주 촬영한 새신자 사진은 빠짐없이 게시 및 주보에 기록되었는가?

□ 97. 새신자 등록자에게 선물은 준비되었는가?

□ 98. 새신자 교육 훈련과정을 잘 이해하고 과정을 진행하고 있는가?

□ 99. 새신자는 교구와 연결이 잘 진행되고 있는가?

□ 100. 교회 북카페가 효율적으로 진행되고 있는가?

새로운 형식의 예배도 중요하지만
새로운 예배를 경험하는
애통함이 있는 예배가 되어야 한다

어느새 한국 교회는 전통을 밀어내고, 현대 문화의 방식과 형식을 도입하여 정착되었다. 내가 바로 '전통의 밀어냄'과 '급속도로 발전하는 문화를 끌어당김' 사이를 경험한 사역자였다. 초창기 어느 지역에 초청을 받아 교회 도착하여 초청 집회를 위한 리허설을 가졌다. 한참 연습 중일 때 그 교회 장로님이 오셔서 제가 갖고 있는 어쿠스틱 기타를 사람들 보는 가운데 땅바닥에 내던지면서 "어디 교회에 사탄의 악기를 가져와 집회하냐고 교회를 나가!"라고 큰 소리 치는 모습을 경험했다. 내 기타는 산산이 부서졌고 그 상황을 본 성도들은 심한 당황함을 경험한 상태라 말을 못하는 분위기였다. 간신히 피아노 한 대를 가지고 사역을 마쳤지만 아직도 그때의 일을 생각하면 웃음밖에 나오지 않는다. 악기 자체가 사탄의 악기라면 교회에서 가장 많이 사용하고 있는 피아노는 세상에서 가장 흔하게 사용되는 악기인데도 교회에서는 피아노를 사용하고 있다. 아무리 설명해도 인식의 변화를 갖지 않은 그 교회 장로님은 받아들이려 하지 않은 완고한 마음이었다. 참 슬픈 현실을 겪었다. 아직도 한국 교회는 사대주의 사상, 유교 사상, 주술적이고, 기복적인 사상으로 새로운 마음으로 새로운 노래를 부를 수 없는 것인가 라는 생각으로 답답할 때가 있었다. 하지만 17년이 지난 지금의 한국 교회들은 최신식 악기와 최고 사양의 멀티미디어 시스템을 구축하고 디지털 조절을 하고 있다. 이전에는 전통을 추구하고 새로운 문화를 밀어냈지만 이제는 전통을 밀어내고 새로운 문화의 형태와 스타일을 끌어당기는 모습을 보이고 있다. 10년 지나면 강산이 변한다는 한국 속담이 딱 떨어지고 있다.

현 시점에서는 전통의 한국 교회 예배음악 형식과 스타일을 밀어내고 현대 문화 형식에 맞는 최고 사양들의 악기와 음향, 조명을 사용하지만 이런 장비와 악기, 음악을 만들어 내는 생산자들을 수급하지 않는 상황에서 교회는 최고 사양의 악기와 장비, 조명, 멀티미디어를 사용하고 있다. 교회 자체에서 창조적이고 생산적인 사역의 형태를 갖지 않을 경우, 그것은 자본으로 대체해야 한 것이다. 세상 문화가 갖는 특수성을 교회 문화의 언어인 '은혜'로 어떻게 모면하고자 하는 것은 이제 한계성을 넘었다고 나는 생각한다. 새롭게 출시된 악기, 멀티미디어, 무선 마이크, 강단, 멀티 스크린 등으로 새로운 예배를 끌어당길 수 없다. 예배를 돕기 위한 하드웨어를 수급하는 것이 아니라 그 하드웨어를 관리하는 창조자들을 교회 안에서 수급해야 한다. 어느 때는 자원봉사자로, 어느 때는 일정한 사례를 지급하며 최고의 사양인 하드웨어의 시스템을 관리할 수 있도록 해야 하는 시대이다. 그렇다면 한국 교회는 새롭게 출시된 하드웨어에 집중하기보다 교회 안에서 하드웨어를 끊임없이 창조해 나가는 생산자들을 수용해 주고 그들과 함께 기술적인 부분과 저작권적인 부분들을 세밀하게 정리하여 예배 사역에 임하게 된다면 특수한 상황들을 극복할 수 있다고 생각한다.

현대 음악은 점점 자극적이고 리듬이 많은 형태의 음악을 사용하고 있다. 그러다 보니 장년층의 음악과 현대 음악을 사용하는 청년층 간의 세대 간 갈등이 심하게 나타나는 현상이 보이고 있다. 모든 세대가 함께할 수 있는 음악을 기다리기보다 개교회 안에서 음악을 생산해 내는 사역자들의 곡을 수용하고 칭찬하며 함께 격려하는 마음으로 그 곡을 불러 줄 때 그 교회는 예배에서 사용되는 음악 저작권에서는 자유를 경험하게 된다. 2015년 이후로는 교회 안에서도 현재 가장 많이 알려진 곡 5만여 곡의 리스트를 교회로 보내어 인원수 별로 책정된 금액을 1년 단위로 재 갱신하며 사용해야 하기 때문이다. 음악뿐만 아니라 멀티미디어 시스템 저작권, 글자 폰트 저작권, 배경 사진 저작권 등 수많은 저작권법에 노출되어 자유하게 사용하지 못하는 환경이 될 것이다. 이번 책을 통해 각 선교단체들의 고유한 찬양인도 방식, 흐름, 내용적인 분석 등은 아직 저작권으로 취급받지는 않지만 상호, 음악, 텍스트, 사진 등 모든 분야에 저작권법의 제약을 받게 된다. 하지만 뒤집어서 생각해 보면 교회가 창작하는 사람들을 세워 주고 그들 삶의 필요를 충족해 주면서 교회 안에 창조적 저작권을 신고하며 사역하게 되면 오히려 교회 안에 예배음악 사역은 더 확장되는 모습을 볼 수 있을 것이다.

그것이 이 책에 소개된 미국 뉴욕에 위치한 브로클린 태버너클교회가 그 예이다. 교회 자체에서 음악을 생산하고 이것들을 저작권법을 등재하고 사회에 정식적인 법의 테두리에서 보호받아 저작권료를 받아 선교 사역과 예배음악을 창조하는 사역에 사용되고 있다. 한국에서는 삼일교회의 P.O.P, 만나교회의 예배팀 등이 그 예로 들 수 있다. 최고의 악기 사양과 음향 시스템보다 최선의 헌신과 순종으로 이루어진 음악의 조화가 더 많은 예배자와 세상에 더 큰 감동을 전달하고 있음을 본다. 이런 점에서 이 책을 통해 한국 예배음악 선교단체들의 예배음악 분석과 사역 분석, 환경적 분석을 통해 교회가 실용적으로 도입하거나 형식과 형태에 응용하여 융합적인 예배를 디자인해 볼 수 있는 좋은 동기가 될 것으로 생각한다. 이론적인 내용과 시대가 바뀌고 있는 상황에서의 한국 교회, 선교단체들의 음악 사역이 발전하는 것을 계속 증편하여 책을 만들도록 하겠다.

예배를 돕기 위한 음악, 조명, 무대, 음향, 영상 등은 말 그대로 예배를 더욱 효과적으로 돕기 위한 것이다. 이런 것들이 구축되지 않는 곳은 개교회가 할 수 있는 것을 발견하고 창조해 나간다면 오랫동안 해 온 전통적 예배의 삶을 밀어내지 않고 오히려 융합하여 새롭게 다가오는 문화의 옷을 지금의 예배 향기로 승화하고 수용한다면 화려함에서의 예배가 아닌 일상에서,

그리고 작은 공간에서도 그 이상의 예배 감격을 경험하게 될 것이다.

오히려 새로운 마음을 통해 영과 진리로 예배할 수 있어야 한다. 그리고 예배자들은 애통해 하는 마음으로 변화되기 위해 더욱 엎드려 주님에게 가까이 나와야 한다.

청교도인 스윈녹(George Swinnock)은 토요일 밤에 가정에서 주일예배를 준비하는 일에 대해 이렇게 강조했다고 한다.

"주의 날을 위해 미리 하나님의 무한하신 위엄, 거룩하심, 질투하심, 선하심에 대해 묵상하는 시간을 갖도록 하라. 그런 시간 없이는 주님을 위해 옳은 일을 할 수 없으며, 그런 준비를 한 뒤에야 비로소 즐겁고 유익한 주님의 날이 당신의 것이 될 것이다. 마치 잠자리 들기 전에 지펴 놓은 난롯불이 아침에 일어났을 때 다시 점화하기 쉬운 것처럼, 밤새 심령의 냄비를 달군다면 다음 날 쉽사리 가열될 수 있을 것이다. 토요일 밤에 당신의 마음이 하나님 곁에 머물게 된다면 주일날 아침에도 당신의 마음은 그러한 상태를 유지하게 될 것이다."

참고문헌

1. 국내 서적

- 김남수,《예배와 음악》, 대전: 침례교신학대학교출판부, 2003.
- _____,《음악목회의 실제》, 서울: 요단출판, 1996.
- 김세광,《예배와 현대문화》, 서울: 대한기독교서회, 2005.
- 김석환,《예배의 구성요소와 신학적 해설: 예배갱신 지침서》, 서울: 대서, 2007.
- 김소영,《예배와 생활》, 서울: 대한기독교서회, 1984.
- _____,《현대예배학개론》, 서울: 한국장로교출판사, 2002.
- 김영국.《성공적인 예배를 위한 음악목회 프로그램》, 서울: 한국장로교출판사, 2005.

2. 서양 서적

- Berglund, Robert D. *A philosophy of Church Music.* Minnesota : Bethel Publication, 1986.
- Hustad, Donald P. *Jubilate Ⅱ Church Music in Worship and Renewal* (Carol Stream). Illinois: Hope Publishing Company, 1993.
- Judson, Cornwall. *Let us praise.* New Jersey : Logos, 1973.
- Kraeuter, Tom. *Becoming a True Worshiper.* YWAM Korea, 1996.
- Routley, Erik. *Hymns and Human Life.* London: John Murray, 1952.
- Sorge, Bob *EXPLOING WORSHIP(A Practical to Praise and Worship).*
- WASHINGTON: Oasis House, 1987.
- Vernon, Whaley M. *Understanding Music & Worship in the Local Church.*
- Wheaton,Ill.: Evangelical Training Association, 1995.
- Weber, Robert E. *Worship Old & New .* Sydney: ZONDERVAN, 1994.

3. 번역 서적

- 헤럴드 베스트, 하재은 역,《신앙의 눈으로 본 음악》, 서울: IVP, 1995.
- 마커스 그린. 천슬기 역,《예배 그 이상의 예배》, 서울: 서로사랑, 2008.
- Kavanaugh, Patrick. 김창대 역,《하나님의 임재를 갈망하는 예배자》, 서울: 브니엘출판사, 2012.
- 윌리엄 맥스웰, 정장복 역,《예배의 발전과 그 형태》, 서울: 쿰란출판사, 1996
- 데이빗 패스, 김석철 역,《교회음악 신학》, 서울: 요단출판사, 1995.
- 밥 로글리엔. 김동규 역,《예배는 체험이다》, 서울: 예수전도단, 2005.
- 밥 소르기, 최혁 역,《찬양으로 가슴 벅찬 예배》, 서울: 두란노, 2005.
- 단 샐리어즈, 김운용 역,《거룩한 예배》, 서울: WPA, 2010.
- 프리드리히 슐라이어마허, 최신한 역,《성탄축제》, 서울: 문학사상사, 2001.
- 그레그 시어, 캠퍼스워십/강명식 역,《아트오브워십》, 서울: 예수전도단, 2009.
- 에이든 토저, 이용복 역,《예배인가, 쇼인가》, 서울: 규장출판사, 1997.
- 존 F 월슨, 나윤영/조의수 공역,《교회음악 입문》, 서울: 대한기독교서회, 1995.
- 피트 워드, 권영주 역,《우리가 예배하기까지》, 서울: 예수전도단출판사, 2007.
- 로버트 E 웨버, 김지찬 역,《예배학》, 서울: 생명의 말씀사, 1988.
- 로버트 E 웨버, 김세광 역,《예배가 보인다 감동을 누린다》, 서울: 예영커뮤니케이션, 2010.
- 제임스 화이트, 정장복 역,《예배의 역사》, 서울: 쿰란출판사, 1996.
- 로버트 E 웨버, 정장복 역,《예배의 역사와 신학》, 서울: 한국장로교 출판사, 1988.
- 달린 책, 허미연 역,《넘치는 예배》. 서울: 횟서&지엔지비, 2002.

4. 논문

- 김소영, 〈예배와 예배당 건축Ⅱ〉,《기독교 사상 통권 270호》(1980. 6): 128~61

5. 학술 논문

- 강명식, 〈크리스천 음악(C.C.M) 창작에 관한 연구〉 미간행 석사학위 논문,
- 서울장신대학교 예배찬양사역대학원, 2009.
- 김기훈, 〈포스트모던 시대의 예배음악 C.W.M에 대한 고찰〉 미간행 석사학위 논문.
- 서울장신대학교 예배찬양사역대학원, 2009.
- 김철휘, 〈현대예배운동이 한국 교회 예배에 미친 영향에 대한 연구 고찰〉, 미간행
- 석사학위 논문, 서울장신대학교 예배찬양사역대학원, 2012.
- 이천, 〈미래 한국 교회 예배를 위한 찬양과 경배 바로 세우기〉 미간행 석사학위.
- 논문, 서울장신대학교 예배찬양사역대학원, 2008.
- 양동원, 〈예배 공간의 역사적 변천과정과 현대예배 공간〉 미간행 석사학위 논문.
- 장로회신학대학원 목회전문대학원, 2009.

6. 기타

- 김인옥, 〈미국장로교 기독교교육참관기〉《목회와 신학》, (2012. 4).
- 김운용, 〈그리스도의 잔치를 다시 활성화 하자〉《목회와 신학》, (2012. 4).
- 박희봉, 〈예배팀 그 환상적인 팀워크의 실례〉《목회와 신학》, (2012. 4).
- 이유정, 〈한국 교회의 찬양과 경배사역〉《목회와 신학》, (2012. 4).
- 최지호, 〈예배 전문 목회자가 필요하다〉《목회와 신학》, (2007. 2).
- 디사이플스 홈페이지 소개란, www.thedisciples.org/intro/intro1.phd